ファミリー新書 001

わが子を「メシが食える大人」に育てる

花まる学習会 代表
高濱正伸

廣済堂出版

まえがき

一人前の大人として、自立・自活して生活するという意味で、「メシが食える」という言い方をします。たとえば、

「お前もやっとメシが食えるようになったか……」

社会人になった息子を前に、父親が感慨深げに口にしたり。あるいは、親が目を吊り上げるような場面で使われることもあります。

「音楽でメシが食えると思っているのか！」

ミュージシャンを志す息子や娘に、将来を案じる父親が口にしそうですね。

会社の上司が、資格取得を契機に他業界への転進を考えている後輩に、こんな鋭いツッコミを入れるケースもありそうです。

「資格だけでメシが食えると思ったら、それは少し甘いんじゃないか？」

こんな具合に、使われる場面としては、親や先輩など、子どもや後輩の将来を案じる

人生の先達《せんだつ》が口にすることが多そうです。「メシ」「食う」という粗野なことばの使い方からして、オトコことばといってよさそうです。

ふだん自分では口にしなくても、そのオトコことばに敏感に反応するお母さん方がいかに多いか、それを改めて実感した出来事がありました。私を取り上げた『情熱大陸』（毎日放送／TBS系列）というドキュメンタリー番組が放映されたときです。

番組で「メシが食える大人に育てる」ということばがキーフレーズとして紹介されたこともあって、翌日以降、私に送られてくるメールやブログに「メシが食える」ということばを書く人がびっくりするほど増えました。お父さん方以上に、お母さん方が敏感に反応したのには驚くばかりでした。

実は、「メシが食える力をつける」「メシが食える大人にする」ということばは、17年前に「花まる学習会」を設立したときに、塾の教育・指導理念として位置づけた重要なキーワードでした。

熊本県の田舎でやんちゃに育ち、大学も「三浪四留」までした私のような人間でなければ、塾の教育理念としてはもう少し上品な言い方をしたかもしれません。しかし、「メシが食える」ということばでしかいい表せない、人としての成長の尺度、生き方の基準のようなものがあるように私は思っていたのです。

いまの教育界を見渡したときに、あるいはこれからますます厳しくなる社会・経済環境を見すえたときに、「メシが食える」ということばの重みは、ますます大きくなっていくと私は思っています。

お母さん方が敏感に反応したのは、上品なことばかどうかなど気にしている場合ではないといった切実感もあったからではないでしょうか。いずれにしろ、「メシが食える」ということばの意味は、かつて日本人が「経済大国」を誇らしげに自認していたころとは明らかに変わってきていることはまちがいありません。

「メシが食える大人にする」

もちろんそれは、日々の食生活に困らないという狭い意味でいっているのではありません。もっと深く、そして切実なテーマを含んでいることは、このあとの本文を読んでいただければ、おわかりいただけると思います。

本書は、そのような点も踏まえ、子どもを「メシが食える大人」にするために、子どもとどのように向き合っていったらいいのか、私の17年間の塾講師経験を踏まえてまとめたものです。

執筆にあたっては、小学校の低学年までに育むべき基礎力が、社会人としてメシが食える力にどう結びついていくのか、その「つながり」をできるだけ意識して解説するようにしました。10歳くらいまでの知性・情操面での育みが、社会人になってどう影響するのかについては、リアリティーのない親御さんが意外と多いからです。

本書が、みなさんのお子さんが、メシが食える大人への第一歩を踏み出すきっかけになれば幸いです。

高濱正伸

目次

目次

3

自分で考える力
——思考のエンジンをぐんぐん回す

4
想い浮かべる力
――魅力的な大人にするために

5
試そうとする力
――人生を切り開いていく底力

1

「メシを食っていける力」が危ない！

学習塾として「野外体験」にこだわってきた訳

●力強い人間力を鍛える場として

私が学習塾「花まる学習会」を設立したのは、バブル経済がはじけて2年目、1993年のことです。大学院で同期だった仲間とともに、小学校低学年の生徒二十数人でスタートした小さな地域塾でした。

塾の基本的な指導方針としたのは、学習面では、読書と作文を通じての「思考力」と「学習意欲」の養成です。そしてもうひとつ、情操面で重要な柱として位置づけたのが「野外体験」でした。いまでこそ、夏休みにサマーキャンプなどを実施する塾もありますが、当時はまだ珍しかったのではないかと思います。

また大手塾のなかには、夏期合宿と称して数日間泊まり込みで集中学習を行うところもあります。しかし、私たちが実施していたのは、そのような学力強化のためのイベントではなく、あくまで自然のなかで目いっぱい動き回る、文字どおりの野外体験でした。

といって、塾生やその親御さんの親交を深めるレクリエーションというわけでもありません。遊びでもなく、勉強を集中的にやるというわけでもなく、私たちは野外体験を「人間力を育む場」と位置づけていたのです。

イベントとして実施するのは夏休みなどの長期休暇中だけでなく、土日を利用して行われることもあります。自然に包まれた山間地でのサバイバルキャンプや探検、海や渓流での釣り、冬場の雪国スクールとさまざまな体験企画を行ってきましたが、わずか2、3日であっても、親元から離れて過ごす〝冒険的な体験〟は子どもたちをひと回りもふた回りも大きくしました。

サマースクールでは、滝つぼに飛び込んだり、崖を上り下りしたり、子どもたちにとっては少し勇気が必要なこともします。

「魚が釣れなければ、今日の夕飯はご飯と味噌汁だけ！」

と号令をかけることもあります。そういうと、子どもたちも必死になって釣果《ちょうか》を上げようとします。釣れなければ、満足なメシが食えませんから当然です。

そのような「甘くはない環境」に身を置くと、子どもたちは自分たちなりに知恵を働かせ、困難を乗り越えて課題を解決しようとします。街中《まちなか》の生活では影を潜めていた本能的なたくましさが顔を出し、強い意志と行動力・創造力を発揮するようになるのです。

●憂慮すべき「生命力の希薄さ」

学習指導と両輪をなすように、この野外体験をなぜ重視したのか。

ひと言でいえば、メシが食える力を育むためです。

のちに詳しく述べますが、将来、メシが食える大人として成長していくためには、①ことばの力、②自分で考える力、③想い浮かべる力、④試そうとする力、⑤やり抜く力、の5つの力を小学校の低学年までに育むことが欠かせません。その5つの力をつけていくうえで、野外体験は直接・間接的にさまざまな恩恵をもたらしてくれるのです。

たとえば、「試そうとする力」の観点からいえば、勇気がいる冒険的な体験だけでなく、魚を捕ったり火をおこしたりするなど、子どもなりに工夫しながら熱中する体験は、算数で必須の「試行錯誤力」(これものちほど詳しく解説します)に直結します。

さらに、もっと大人になったときのことを見すえれば、自立した社会人としてもつべきチャレンジ精神や困難を乗り越える克己心にもつながる〝心の太さ〟を、子どもたちは野外体験のなかで身につけていきます。

多様な自然のなかでの熱中体験が学力面でも良い効果をもたらすことは、塾生の学習指導を通じて実感はしていましたが、最近、興味深い調査データが公表されました。

国立青少年教育振興機構が成人５０００人を対象に、子どものころの生活体験と大人になってからの資質や能力の関連性を調べるために行ったアンケート調査です。

たとえば、「海や川で貝や魚を捕る」という生活体験について。

「何度も捕ったことがある」と答えた人のうち、いまの自分について「何でも最後までやり遂げたい」という質問に当てはまると回答したのが86％。それに対して、貝や魚を捕る経験が「少しある」と答えた人では、「最後までやり遂げたい」という人は80％に下がります。さらに、経験がほとんどない人になると、76％にまで下がってしまうのです。

また、「夜空いっぱいに輝く星をゆっくり見る」という経験についても、同様の傾向が出ました。

つまり、小さいころに自然に触れた経験が豊富な人のほうが、大人になって「最後までやり遂げたい」という意志力や、「もっと深く学びたい」という意欲のレベルが高いということになります。

物事を最後までやり抜く意志力や、学びへの意欲は、学力向上のためになくてはならないものです。

そして、親御さんに心に刻んでほしいのは、小さなころの自然体験が、学力のみならず、十数年後の社会人としての資質にも深くかかわっていくという点です。

ここに、私が「野外体験」にこだわってきた大きな理由があるのです。

一度ひきこもってしまうと戻すのは難しい

●育ち上がってしまうと手遅れ

野外体験などを通じて、知力だけでなく人間力としても、しっかりした土台となるものを子どもたちに育んであげたい。そんな私たちが掲げた理想とは裏腹に、いま憂慮すべき現実が社会を覆っています。

ひと言でいえば、子どもや若者たちに見られる「意欲の乏しさ」です。

私がその憂慮すべき現実に直面したのは、花まる学習会を立ち上げる前に、予備校で大学受験生の学習指導をしていたときでした。

いわれたことは最低限やる。しかし、いわれた以上のことは何もしようとしない。成績が下がっても淡々。ふだんの授業態度を見ていても、疑問に思うはずのことに「なぜ？」という表情を見せることがないのです。

意欲が萎《な》えているのは、学習態度だけではありません。人間まるごと覇気がないというのか、生命力がないというのか。遊ぶ意欲、人と交わろうとする意欲、人生を楽しもうとする意欲、すべてにおいて意欲がない。要するに「生きる意欲」が乏しいのです。

大学合格を目指す受験生の指導としては、受験テクニックを教え、入試問題の解法をとことん暗記させることで、ある程度の大学に合格させることはできます。

しかし、仮にどこかの大学に入ったところで、社会人としてちゃんとメシを食っていけるのか、そんな不安にかられてしまうのです。直視しなければいけないのは、彼らが、肉体的にも精神的にも、人として「育ち上がっている」という現実です。

法的な区分としては未成年だったとしても、心も身体も育成段階はほぼ終わっているのです。その「育ち上がっている」相手に、「生きる意欲」という、人としての根源的な問題を突きつけたところで、時すでに遅しといった感はぬぐえません。

●大人の100人に1人がひきこもり経験あり

私が、生命力の希薄な受験生たちと向き合っていたころから、すでに20年が過ぎています。現実は少しでもいい方向に改善されてきているでしょうか――。

答えは「否《ノー》」です。その象徴が、長期ひきこもり問題の顕在化です。ひきこもりというと、「わが家とは無縁の特別なケース」と考える親御さんがいまだにいるようですが、それは時代錯誤といってもいいくらいです。

厚生労働省によれば、いま、ひきこもりの子どもがいる家庭は26万世帯に達すると推計されています。他の調査では、大学生では、２万８０００人、１００人に１人はひきこもり状態にあるという報告もあります。

また、最近、深い懸念を指摘されているのは「ひきこもりの高年齢化」です。今年（２０１０年）、内閣府が主催したシンポジウムでは、「20歳から49歳までの成人の１００人に１人がひきこもりを経験している」という調査結果が報告されました。

ひきこもり大学生の数といい、そして大人のひきこもり経験者の数といい、「１００人に１人」というのは、けっして「無縁」といっていられない数値です。

事件化するケースも後を絶ちません。愛知県豊川市で、10年間ひきこもっていた30歳の長男が、父親ら一家５人を殺傷するという痛ましい事件が起きたのは、内閣府のシンポジウムが開かれた２カ月後です。なんとも、ことばを失ってしまいます。

実は私も、ひきこもりとは深くかかわってきたひとりです。「花まる学習会」をスタートさせたときから、精神科医やカウンセラーの方々と一緒に、ひきこもりの子どもたちを立ち直らせる活動に取り組んできたのです。

その活動をずっとしてきて思い知らされたことがあります。「一度ひきこもりになった人を、元に戻すのはひじょうに難しい」という現実です。1週間ひきこもってしまうと、〝心の筋肉〟はみるみる細っていきます。入院して寝たきり生活が続くと、アッというまに身体の筋肉が衰えるのと同じです。

もちろん、ひきこもりからうまく脱出できたケースもあります。しかし、力が足りずに、ひきこもりの子どもたちを再生させるまでに至らないケースも多いのです。長期間ひきこもっていた場合は、なんとか社会に復帰しても、ちょっとしたきっかけで元に戻ってしまうことが往々にしてあります。

●世の中の厳しさを教えてこなかったツケ

ひきこもりの引き金となる原因には、学校や職場でのいじめ、進学・就職での挫折などいくつかの典型的なケースがありますが、もっと根源的なところを突き詰めていくと、やはり育成環境や教育の問題に行き着きます。

ことに、大人になってからのひきこもりは、子どものころの「耐性が身につかない教育のあり方」が大きな原因になっているように思います。

たとえば、「話せばわかる」という対話重視の姿勢。「体罰は絶対にあってはならない」という平和的な教育観。「誰とでも仲良くしよう」という開放的な人間観。いずれも、耳に心地良いことばが並びます。しかしそれだけでは、世の中の片側しか映らない鏡を子どもに与えるようなものです。

社会に出れば、会社には力ずくで部下を押さえつけようとする上司がいたり、感覚的に合わない同僚がいたり、非常識な要求を突きつける取引先もあれば、クレーマーの顧客もいる。善意で行動している人間を誹謗《ひぼう》中傷したり、人を騙《だま》すことを生業《なりわい》としている人間もいます。理不尽なことが多いのが、この世の中なのです。

社会に一歩踏み出したら、そういう世間の荒波が待っていることを、小さいころから子どもにしっかり教えておくべきだったのです。そのうえで、「だからこそ高い志をもって、前向きに困難を乗り越えていくたくましさが必要なのだ」と説き続けることが、親の役目だったはずです。

ところが、家庭では子どものニーズが優先されています。小中高、大学と子どもたちはお客様として扱われます。お客様意識のまま大学生活を過ごした若者たちは、就職して初めて、そんな意識がまったく通用しない厳しさに直面します。

「こんな厳しい会社、自分には合わない」

そういってドロップアウトしてしまうのです。ところが、世の中、ラクな仕事などあるわけではありません。結果、どこかにアルバイトでもぐり込んで、しばらくして辞める。その繰り返しです。それはまだいいほうで、最後は「世の中が自分に合わない」とひきこもりを選ばざるを得なくなります。「メシを食う力」がそのとき途絶えるのです。

「合わない」ということばは、ひきこもりやその傾向のある若者がよく使うことばです。あくまで自分が基準です。もし自分に合わない会社や人間がいるとしたら、自分に合わせてくれない会社や相手が悪いのです。

その価値観こそが、前述の「世の中の片側しか映らない鏡」の正体です。

ニートでも、就職できても変わらない「意欲の低さ」

●生き抜こうとする意欲の問題

ひきこもりの若者と重なるイメージで見られているのが「ニート」です。一般的に通用している定義としては、15歳から34歳までの若年無業者を指します。「無業」とは、進学もせず就職もせず、働くための訓練も受けていない状態です。

ひきこもりは、「仕事や学校に行かず、家族以外の人との交流をほとんどせずに、6カ月以上続けて自宅にひきこもっている状態」というのが一般的な定義ですから、ニートに含まれるといっていいでしょう。ニートはそのひきこもりを含む、もっと大きな層をなしているわけです。

就労意欲の点からニートを見た場合、仕事に就きたいと考えているけれど実際の求職活動をしていない「非求職型」と、仕事に就こうとする気持ちさえない「非希望型」に分かれます。2005年に公表された数値ですが、内閣府の調査ではこのふたつのタイプを合わせたニートの数が約85万人。内訳は、非求職型と非希望型がほぼ半々です。

働ける年齢でありながら、仕事に就こうという意欲がない非希望型が40万人以上もいることは、かなり深刻な事態です。では、仕事に就くつもりがある非求職型はまだマシかというと、けっしてそんなことはありません。実際に仕事を探していないのですから、やはり就労意欲が乏しいといわざるを得ないでしょう。

経済環境の悪化や労働行政の問題など社会的な観点から語るべきことはいろいろあると思いますが、私がどうしても気になるのは、やはり若者の心に「生きていくための必死さ」が欠けているのではないかという点です。

世のため、人のためという大儀はともかく、まず「自分でメシを食っていく」という意欲を強くもたなければ、事態はいっこうに前に進みません。やがて、冷えた心の裏側で増殖してしまうのが、「食わせてもらえばいい」という寄生意識です。

この寄生意識がやっかいなのです。本人はもとより「寄生」しているという自覚はあまりありません。ややもすると、社会が自分を受け入れないのだから、近親者が自分の面倒を見るのは当然という意識になりがちなのです。

メシが食えなければ、食わしてもらえばいい、いや、食わしてもらうのは当然でしょ。そんな意識は実は、仕事に就けるかどうかという結果を問う問題ではなく、生き抜こうとする意欲の問題として考えなくてはいけません。

現に、会社に就職した若者にもなお、その意欲低下の問題が根強くあるからです。

●食わせてもらうのが当たり前？

JTBモチベーションという会社が若手会社員を対象に行った調査によると、入社2年目、3年目で早くもモチベーションの低下傾向が顕著になるという結果が出ています。

たとえば、「いまの仕事に喜びを感じている」に「当てはまる」「やや当てはまる」と答えた人は、1年目では57％だったのが、入社2年目になると37％、さらに3年目になると28％にまで急降下してしまいます。

他の「いまの会社で働き続けたいと思っている」「さらに成長していきたい」「いまの仕事が好きである」といった項目でも、同じような低下傾向が見られたそうです。

就職活動をする最近の学生は、大学のていねいな就活サポートも受けながら自己分析を重ね、入社試験や面接では、入社後どんな仕事をしたいのか〝明確な意思表示〟を求められます。自己分析も企業研究もしっかりやったはずなのに、早くも2年目に意欲低下です。

そこにあるのは、入社時に思い描いた仕事と、現実とのミスマッチ感覚。つまり「合わない」と感じているわけです。こうして、新入社員の3割が3年以内に辞めるという実態が生まれているのです。

若い人たちが「会社に期待すること」としてよく口にするのは、「自分を成長させてくれる環境」です。

私も、入社面接に立ち合うことがありますが、「自己の成長」「自己実現」「人間としての成長」といったことばを、志望動機としてよく耳にします。それがうちの会社なら期待できそうだからというわけですが、少々違和感をもつことがあります。

自分の成長とは、果たして会社に頼るものなのでしょうか。社会人ともなれば、自分の成長は、自己責任で、というのが筋のような気がするのです。20歳を過ぎた若者が、自分の成長が〝環境〟で決まると考えるのは、生きるたくましさという点で不安にならざるを得ません。

それが、どういう意識として根づくかといえば、ひと言でいうと「食わされ感」です。自分で「食っていく」というのではなく、「食わせてもらうのが当たり前」という感覚です。ことばは悪いですが、「寄生意識」が透けて見えてくるのです。

「あ、オレも、とうとうここまでやれるようになったか」と、自己成長感を自分の生きがいや働きがいの尺度にすること自体は、けっして悪いことだとは思いません。しかし、自分の身の置き所として一度決意した会社が、自分の成長のすべてを担ってくれるという考え方は、甘えといわざるを得ません。

「とにかく3年は我慢しろ」「何がなんでも会社への帰属意識をもて」などと乱暴な言い方をするつもりはありませんが、少なくとも前向きな意識だけは失ってほしくない。その意識なくしては、たとえ転職したとしても、同じことの繰り返しになるからです。

〝食えない予兆〟は子どものころに表れる

●自分で考える習慣がない子どもたち

若者たちのなかには、社会人として自活していたとしても、「メシが食える大人」とはいいがたい人たちがいます。

前述の大学受験生のように、いわれたことしかしない「指示待ち族」がその典型です。要するに、自分から何かをやろうという主体性がなく、日々の仕事をするうえでも自立意識が薄いので、いちいち上司にお伺いを立てないと何もできない。

経済的には自活をしていても、ビジネスパーソンとしての「心の自活力」が足りないのです。

私がいう「メシが食える大人」とは、経済的な自立はもちろんのこと、克己心や耐える力といった精神的な強さ、そして問題解決の突破口を見い出すときに発揮される自立的な思考力をもつ社会人のことです。

メシが食える力が実際に問われるのは社会人になってからですが、その基礎となる力は幼児期や学童期のうちから培っておかないと手遅れになります。将来に不安を感じさせる〝症状〟は、学童期の学習態度にまず表れます。

たとえば、こんな子がいます。

算数の文章題に向き合ったとき、しばらく考える様子を見せるのですが、行き詰まると、すぐに「これ足し算でやるの？　それとも掛け算？」などと聞いてくるのです。

一見考えているふうに見えていたのも、実はそうではなくて、思考の停止状態です。自分でダメだと思うと、そこで考えることをあきらめてしまう。そして、助け舟を求めてくるのです。自分の力で考えようとする思考習慣がついていないからです。

このような子は得てして、計算は得意だったりします。ドリルなどで鍛え上げられた計算能力はもっているのですが、早く答えを出すことが頭の良いことだという勘違いがどこかで染みついているのです。

だから、時間をかけてでもとことん考えようという意欲が生まれません。一刻も早く答えを出したくなり、それでつい「これ足し算？　掛け算？」と聞いてしまうわけです。

計算能力である程度勝負できる低学年のうちはまだいいのですが、深い思考力を求められる高学年になると確実に大きなカベに突き当たってしまいます。

●低温世代のあとにひかえる「超低温世代」

計算能力は高いけれど、じっくり考える習慣が身についていない子が、そのまま大人になるとどうなるか――。

私の頭に浮かぶのは、前述の入社2、3年目で早くも働く意欲が低下し、「この会社は自分には合わない」と決めつけてしまう若者の姿です。

仕事のやり方を試行錯誤したり、誰かに相談したりと、自分でできることはまだあるはずなのに答えを急いでしまう。小学生が文章題に向かったときに、途中の計算式を省略して答えだけを答案用紙に書く様子に似ています。

早過ぎる人生の決断がまちがっていなければまだいいのですが、離職理由を「会社のせいだ」といわんばかりの人は、転職先でも再び〝早い結論〟を出しかねません。

離職しないまでも、冷めた意欲で働き続ける状態では、自ら課題設定をしたり、進んで仕事をつくり出していくような「自立的なメシ食い人《びと》」にはなれないでしょう。やがて〝寄生型の社員〟とみなされる日も遠いことではないかもしれません。

そんな社会人が生まれてしまう予兆は、学校の教育現場にも表れています。さまざまな調査で浮かび上がる「学習意欲の低下」がそれです。

国際教育到達度評価学会が、２００７年に世界の小学4年生と中学2年生を対象に実施した調査では、日本と諸外国の子どもたちの格差が浮き彫りになっています。

たとえば、勉強が楽しいと思う割合は、算数では、日本の小学4年生は70％でしたが、国際平均より10ポイントも低い数値です。これが中学2年生になると、数学では国際平均より27ポイントも低い40％、理科でも20ポイント低い59％という結果になっています。

学習意欲の低下だけではありません。高校生を対象にした、自分の将来の人生への意欲でも、他国との格差が明らかになっています。

２００６年に日本青少年研究所が米・中・韓・日の高校生を対象に行った調査では、日本の高校生の〝低温ぶり〟が如実に表れています。たとえば、「偉くなりたいか？」という質問に「強くそう思う」と答えた生徒が、米・中・韓ではいずれも20～30％なのに対し、日本は8％でしかなかったのです。

高校卒業後の進路について「国内の一流大学に進学したい」と思っている生徒の割合がいちばん低かったのも日本です。

学習意欲が低いのは、要するに勉強が楽しくないのです。勉強が楽しくないと、いったい何のために勉強するのか、という思いにもなります。勉強で学んだことを生かして、将来はこんな仕事に就きたい、そのためにはあの大学で学んでみたい、そんな発想も生まれてきません。

とりあえず自分の学力で入れるレベルの大学へ行って、そして人並みの就活をして、もぐり込める会社に入る。ところが、会社に入っても低成長で賃金もそれほど上がらず、気分的にも盛り上がらない。それは、現在20代、30代の「低温世代」といわれる群像そのものです。いや、その冷めた先輩世代よりもっと体温の低い「超低温世代」といわれる若者が出現することになるのかもしれません。

親の方程式に子どもを当てはめてしまう危険

●答えをすぐ求めようとする子育て

超低温世代の増殖。

こんな社会評論のような言い方をしても、いま子育て真っ最中のお母さんにとってはピンとこないかもしれません。

ならば、自分のことを振り返って考えてみてください。

「早く、早く」

こんなことば、お子さんの前で口にしていませんか？　それが、前述のような「答えを早く知りたがる子ども」にしてしまっているとしたら、どう思いますか？

そして、わが子が〝低温の心〟を抱えたまま、希望や夢ももたず、経済的あるいは精神的に自立できない社会人への道を歩むとしたら……。

それから、子どもに、こんなことをいったことはないでしょうか？

「このあいだ、いったでしょう?」

「何度いったらわかるの?」

「なんで、こんな簡単なことがわからないの?」

自覚のない子どもについ苛立ってしまうのです。しかし、こんなことばが、子どものやる気をくじくだけに過ぎないことに気づいている親御さんはあまりいません。

親の頭には「一度いったことは理解できる」「簡単なことは理解できないはずがない」といった〝大人の思考方程式〟があって、それを子どもに当てはめようとしているのです。しかし、子どもに、そんな方程式はありません。

子どもの頭のなかでは、「そういえば、そんなこといわれたっけ?」「だって、わからないんだから仕方ないじゃない」「なんでそんなにキーキーいうの?」、そんな思いが渦巻いているだけです。

にもかかわらず、親は、「反省のことば」とか「しおらしい態度」とか、自分の方程式で出てくるはずの答えを子どもに求めてしまう。それが返ってこないので、つい感情的なことばを口にしてしまうのです。

●「まさか」と思うことが、十数年後に起きたら？

親が自分の価値観を一方的に押しつける姿勢が常態化するとどうなるか？

まず、勉強するときに「やらされ感」がつきまといます。小学校の低学年まで一定レベルの成績をあげている子でも、やらされ感が抜けないと、まちがいなく伸び悩みが訪れます。自分で主体的に考えようとする思考習慣が育たないからです。

「でも、うちの子、私がいわないと、何もやろうとしなくて……」

とお母さん方はよくいいますが、その決めつけが、〝正解〟を早く得たがる親の態度そのものなのです。まして、そこに感情的なことばが加わると、子どもの心が萎縮してしまいます。

ある有名な科学者が指摘していますが、「叱られた人間の脳はやる気をなくしてしまう」のです。これで、「勉強嫌いの子」の誕生というわけです。

このやらされ感と表裏一体となっているのが、子どもの「万能感」です。万能感とは、親にいえば何でもやってくれるという意識です。

やらされ感は、いわば義務感。万能感は、甘えといっていいでしょう。義務感と甘え、一見、矛盾するようですが、子どものころは、やらされ感と万能感は共存できるのです。親の顔色を見ながら勉強して、その一方でふだんの生活では甘え放題。それで、子どもはなんら違和感を抱くことはありません。

ところが、社会に出たとたん、万能感のほうはものの見事につぶされてしまいます。社会はそんなに甘くはありません。そして、残るのは、仕事でのやらされ感だけ。

そこに、「このあいだ、いっただろ!」「何度いったらわかるんだ」「なんで、こんな簡単なことができないんだ」と、かつて母親から聞いたのと同じような叱責が飛んでくる。しかし、もはや万能感の支えはなく、心はへなへなとへし折れてしまうのです。

これはもちろん、話をわかりやすくするための〝仮定のストーリー〟です。いま、目の前にいるお子さんを見て、リアリティーをもって読んでいる方は少ないかもしれません。しかし十数年後。万が一「現実」になったとき、その原因を「あのときのことばか……」と思い出せる人も少ないのです。社会人になったときの事態と、十数年も前の子育てのことが、頭のなかで結びつかないからです。

メシを食っていくために前提となる「3つの自立」

●経済的な自立だけでは不十分

変化の激しい世の中です。「十数年後の社会人になってからのことを、いまから考えても……」という人もいるかもしれません。あるいは、「親の責任は大学を出すまで。あとは子どもの責任」と思い定めている人もいるかもしれません。

しかし、親としてのいまの教育態度が、良い意味でも悪い意味でも、子どもが社会人になってなお深い影響を及ぼすとしたら、どう思いますか？ どんな世の中になっても、メシが食えるかどうかを大きく左右するとしたら、どう考えますか？

けっして、親御さんにプレッシャーをかけるつもりでいっているのではありません。

親は誰もが、子どもの幸せを願って愛情を注ぎます。子どもに少しでも良い教育をと考えるのは、その愛情の発露ともいえます。安くはない費用を払って塾に通わせ、中学受験をさせたいと願う親御さんもいます。教育に関しては、子どもに不自由な思いをさせたくないという思いから、一生懸命働いているお父さんやお母さんもいます。
そんなふうに心血を注いで育てた子どもが、万が一、自立した大人としての道を歩めなかったら、いったい何のための教育だったのか、ということになりかねません。それを心配しているのです。

そもそも、子どもの「自立」とは何でしょうか？　これは、「メシが食える力」とは何かを考えるうえで大前提になることなので、改めて整理しておきます。

①経済的な自立

これはいうまでもないかもしれません。狭義の意味では、自分が親の世話にならずに、ひとりで暮らしていける収入を得ることです。将来的には、配偶者や子どもなどの家族を養っていける経済的な基盤をつくっていかなければなりません。

②社会的な自立

会社などの社会的な組織、公私にわたるさまざまな人間関係のなかで、それぞれと密接にかかわりながら、自分の役割を自覚することです。組織や社会から「求められる人材」としての力をつけていくことが求められます。

③精神的な自立

組織人であることなど社会的な存在でありながらも、自らの価値観・人生観をしっかりもち、どんな環境にいても仕事に生きがいをもてる人間になることです。社会でぶつかる困難に立ち向かうときに欠かせない精神ともいえます。

ひきこもりやニートは、この3つの自立がいずれもかなわないケースといえますが、会社に入社して①の経済的自立がかなったとしても、②の社会的な自立や③の精神的な自立が十分に果たされていない場合があります。

たとえば、指示待ち族といわれる社員は、自分の役割を自覚する社会的な自立が果たせていないわけです。「やらされ感」を抱く社員は、その社会的な自立とともに、生きと仕事をする精神的な自立も果たせていないということになります。

この3つの自立が果たせたときに初めて、メシが食える大人としてのパスポートをもつことができると私は考えています。

「メシを食っていける大人」にする5つの基礎力

●相互に連携しながら働く5つの力

子どもが真の自立を果たすために、親として育んであげたいのが、メシが食える大人になるための5つの基礎力です。

それぞれの基礎力の育み方については、第2章から第6章で詳しく解説しますが、ここでは、5つの基礎力が学力とどうかかわり、それがさらに社会人になったときにどう生かされていくのか、全体の骨格をお話しします。

まず、「メシを食っていける」ために欠かせない5つの基礎力は次のようになります。

【5つの基礎力】

①**ことばの力**……人がいっていることや文章を的確に理解してポイントをつかむ力と、自分の考えを的確にわかりやすく相手に伝えたり表現する力。

②自分で考える力……勉強でも日常生活でも、自分なりに考え、判断する力。これまで身につけた知識や技能を活用する力。物事を筋道を立てて考える力。

③想い浮かべる力……具体的な物や事象だけでなく、人の心など抽象的なこともイメージできる力。細かな点だけでなく、全体も俯瞰して見ることができる感性。

④試そうとする力……興味・関心のあることや面白そうなことにチャレンジしたり、与えられた課題を解決するためにさまざまな方法を試そうとする意欲。

⑤やり抜く力……一度始めたことを、多少の困難があっても最後までやり抜こうとする力。やり始めたことに集中して取り組む力。コツコツ続ける力。

「ことばの力」や「自分で考える力」は、従来からいわれている能力と大差ないように思う方もいるかもしれません。しかし、のちほど述べますが、子どもの将来を見すえながらどう育んでいくかという観点がとても重要になります。

そして、この5つの力は、それぞれ独立して働く力としてとらえるのではなく、50ページに図示したように、互いに密接にかかわっていることを踏まえながら育んでいく姿勢も大切です。

たとえば、「自分で考える力」は、言語能力としての「ことばの力」があって初めて成り立つものです。また、「自分で考える力」と「想い浮かべる力」とはひじょうに密接な補完関係にあります。個々に考えたことが結びついて、アイデアが全体像として浮かび上がるようなときは、そのふたつの力が連携して働いているはずです。

「試そうとする力」「やり抜く力」はそれぞれの力を発揮しながら、ある段階で「自分で考える力」や「想い浮かべる力」の発動を刺激し、そこで考え、想い浮かべたことが、新たな「試そうとする力」「やり抜く力」を引き出すといったことも起こるはずです。

●5つの基礎力と学力との関係

では、おもに家庭で育んでいくことになる、この5つの基礎力と、学校や塾で身につけていく教科学力との関係はどうなのでしょうか。ここで、46〜47ページで紹介した全体の俯瞰図をご覧ください。

俯瞰図の中央の太線で囲まれているところが、小学校から高校までに学ぶ教科学力が位置する領域ですが、ここでは、中核となる「国語の力」と「算数・数学の力」だけを記しています。

「算数・数学の力」については、論理性や図形センスなど8つの個別能力を列記していますが、その8つの能力は、とことん問題と向き合うために欠かせない「詰める力」と、パッと補助線が思い浮かぶような「見える力」のふたつにグループ化することができます。個々の能力の詳しい意味については、第2章以降の記述のなかで、必要に応じて説明していきます。また、拙著『小3までに育てたい算数脳』（健康ジャーナル社）でも詳しく解説していますので、ご参照いただければと思います。

この「算数・数学の力」の2大領域のひとつ「詰める力」（論理性、要約力、精読力、意志力）は、「国語の力」としても求められるものです。「国語の力」には他にも読解力や表現力なども必要ですが、ポイントは算数・数学と国語のどちらにも共通して求められる能力があるということです。

この小中高で身につける教科学力のうち、重要科目の学力が中学入試や、高校・大学入試で試されるわけです。そして、大学進学後は専門的な知識・素養を身につけていく

〈成長ステージ〉

中学期 ＜ 小学期 10歳 ＜ 幼児期

高校入試　中高一貫校入試　お受験

「メシが食える力」は10歳までの育て方で決まる

受験突破力

重要な教科学力

〈国語の力〉

読解力・表現力
語彙力・漢字力

詰める力

論理性・要約力
精読力・意志力

見える力

空間認識力
図形センス
試行錯誤力
発見力

〈算数・数学の力〉

メシを食っていくために欠かせない5つの基礎力

❶ ことばの力

人がいっていることや文章を的確に理解してポイントをつかむ力と、自分の考えを的確にわかりやすく相手に伝えたり表現する力

❷ 自分で考える力

勉強でも日常生活でも、自分なりに考え、判断する力。身につけた知識や技能を活用する力。ものごとを筋道を立てて考える力

❸ 想い浮かべる力

具体的な物や事象だけでなく、人の心など抽象的なこともイメージできる力。全体を俯瞰して見渡すことができる感性

❹ 試そうとする力

興味・関心のあることや面白そうなことに挑戦したり、与えられた課題を解決するためにさまざまな方法を試そうとする意欲

❺ やり抜く力

一度始めたことを、多少の困難があっても最後までやり抜く力。やり始めたことを集中して取り組む力。コツコツ続ける力

メシを食っていくために大切な力[俯瞰図]

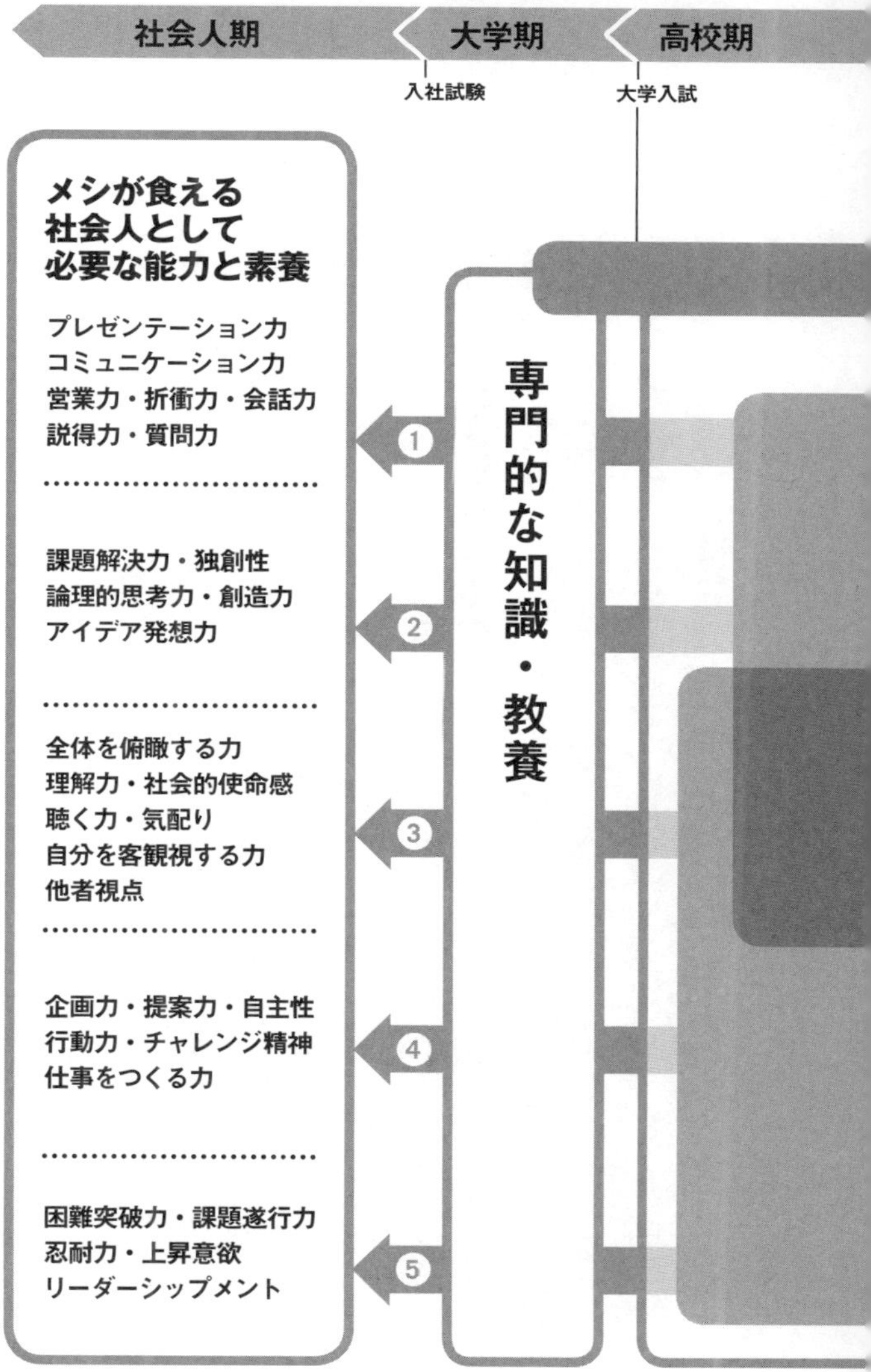

社会人期
大学期
高校期
入社試験
大学入試
メシが食える社会人として必要な能力と素養
プレゼンテーション力
コミュニケーション力
営業力・折衝力・会話力
説得力・質問力
課題解決力・独創性
論理的思考力・創造力
アイデア発想力
全体を俯瞰する力
理解力・社会的使命感
聴く力・気配り
自分を客観視する力
他者視点
企画力・提案力・自主性
行動力・チャレンジ精神
仕事をつくる力
困難突破力・課題遂行力
忍耐力・上昇意欲
リーダーシップメント
1
2
3
4
5
専門的な知識・教養

ことになります。

家庭で育む、「メシを食っていく」ために欠かせない5つの基礎力は、これらの教科学力を根底から支える〝知力と意欲の源〟といえるものです。

そして、本書の重要な観点がこの俯瞰図にあります。5つの基礎力は、教科学力の土台をつくるとともに、小学校から大学までのすべての期間を通じて力を持続させ、やがて社会人になったときにも、メシが食える力につながっていくということです。

社会人になってからは、たとえば「ことばの力」は「コミュニケーション力」「折衝力」といった、ビジネスパーソンには欠かせない能力を形づくっていくことになります。

従来、幼児期や学童期の家庭教育は、中学受験する場合は受験学力をつけるために、そうでない場合は学校の授業についていくための補完的な学習や指導として考えるのが一般的でした。

しかし、本来、子どもに授ける教育というのは、前述した「社会人としての自立」が究極の目的であるはずです。いくら偏差値の高い学校に入学できたとしても、その自立に必要な素養が人間力として身についていなければ、本末転倒といわざるを得ません。

教育には「長期的な視点」が求められるのです。

●基礎力を鍛えるのは、10歳までが勝負

そして、もうひとつ重要な点が先の俯瞰図に記されています。46ページの黒いフキダシのなかに書かれていますが、「メシが食える大人」にするための基礎力の育みは、10歳までが勝負という点です。

学年でいえば小学４年生のころですが、子どもは９歳から10歳にかけて大きな変貌を遂げます。私のこれまでの経験則からしても、低学年までに基礎力の発達をほぼ完成させたうえで、それを土台にして高学年以降に、さらに能力を発展させていくという発達プロセスをたどるのが一般的です。10歳までに基礎力がついていないと、それ以降どんなに頑張っても、学力面での後伸びもなかなか難しくなってきます。

この点を踏まえて、次章以降の詳しい解説をお読みになってください。

5つの力の連動イメージ

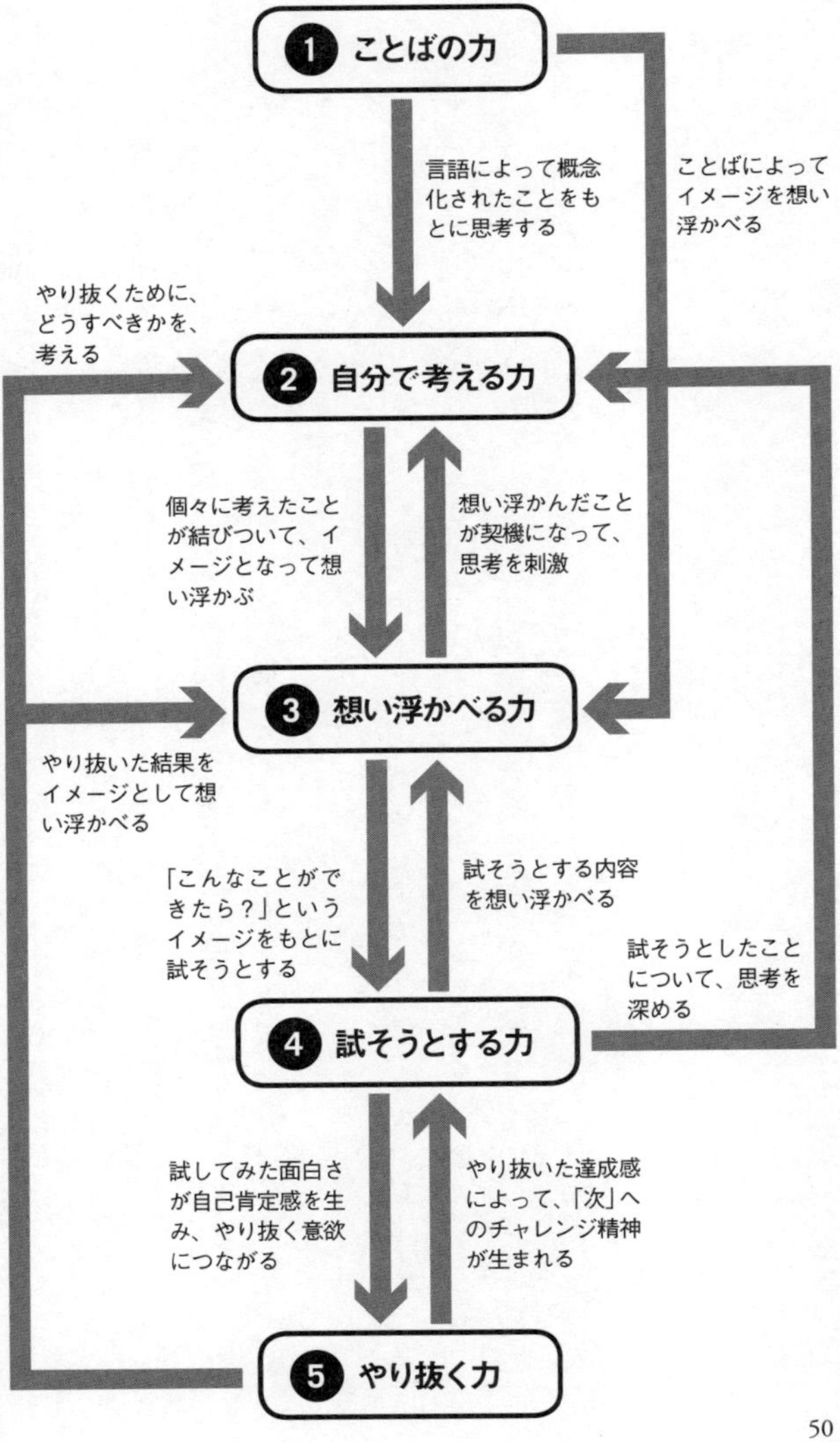

1 ことばの力
言語によって概念化されたことをもとに思考する
ことばによってイメージを想い浮かべる
やり抜くために、どうすべきかを、考える
2 自分で考える力
個々に考えたことが結びついて、イメージとなって想い浮かぶ
想い浮かんだことが契機になって、思考を刺激
3 想い浮かべる力
やり抜いた結果をイメージとして想い浮かべる
「こんなことができたら？」というイメージをもとに試そうとする
試そうとする内容を想い浮かべる
試そうとしたことについて、思考を深める
4 試そうとする力
試してみた面白さが自己肯定感を生み、やり抜く意欲につながる
やり抜いた達成感によって、「次」へのチャレンジ精神が生まれる
5 やり抜く力

2

ことばの力

――すべての学力と知性のベース

「聞く」「話す」「読む」「書く」を育む親の心得

●国語力は他の教科の学力にも大きな影響

人はことばで物事を考え、考えた内容をことばにします。ことばの力が、学力や知性の根幹をなすものであることは、いうまでもありません。

このことばの力は、４つの分野に分けてとらえることができます。

理解するという観点から見ると、「聞く力」と「読む力」があります。一方、表現するという観点からは「話す力」と「書く力」に分けられます。

まず、幼児期の早い段階からしっかり身につけさせておきたいのが、「聞く力」と「話す力」です。やがて学童期に入れば、「読む力」や「書く力」がより重視されるようになります。ことに「読む力」は国語だけでなく、他の教科でも大事な基礎力となります。

計算はそこそこできるのに、文章題が苦手という子がいますが、その理由の7割くらいは、文章を正しく読み取れていないからです。きちんと読む力がなければ、算数の文章題も解くことができないのです。

ある公立高校の話ですが、私立に負けないくらいの進学率を目指すために、国語の長文読解の成績が良い生徒だけを選抜して特訓を試みたことがありました。すると、全教科にわたり好影響が出て、大学入試の合格率も上がったというのです。予備校などでも採られている方法ですが、国語力の影響を象徴するエピソードといえます。

次に、「聞く」「話す」「読む」「書く」の4分野について、親として理解しておくべき基本的なことをまとめておきましょう。

【聞く】親がまず態度で示すことが大切

聴力は、赤ちゃんがおなかのなかにいるときから働かせている機能ですから、幼児期の子どもは〝耳学問〟でどんどん新しいことを吸収していきます。

そんな子どもに少しずつ身につけさせていきたいのが、たんに聞くだけでなく、「聞く態度」をしっかりもつことです。それには、まず親が見本を見せなければいけません。
・子どもが何か話そうとしたときは、まずしっかり顔を見る。

・話の合い間に「あ、そうなの」などとうなずく。
・ときどき「それで、そのあとどうだったの？」と問いかけもする。

こんな点に気をつけて話を聞いてあげるようにすると、子どもも、親から何かいわれたときに、「自分もそうしなきゃ」という意識が少しずつ芽生えるようになります。

といっても、そう簡単に身につくものではありません。いい加減に聞き流しているようなときには、一度「人の話を聞くときは、きちんとこちらを見なさい」と注意してもいいでしょう。

そういうことを何度も繰り返していくうちに、子どもも身体で覚えていくのです。

【話す】母親自身の話し方が大きく影響

「話す力」においても、親がまず見本であることはいうまでもありません。ことに、ふだん接する時間が多いお母さんの影響は大きなものがあります。

そのお母さん方のことばが、乱れているのが気になります。「まじ？」「ていうか」など女子高生・女子大生時代のことば遣いが、いまもそのままです。

崩れた話しことばは、思考にも影響します。

たとえば、最近は小学生でも「ワタシ的には」「ボク的には」などといったことばを使いますが、この「的」というのは、本来「私としては」というところを、あいまいにぼかす表現です。自分のいっていることばの端々に「ていうか」といいながらことばをつなげる話し方も、しっかり断定しない、あいまい表現です。

不必要なあいまい表現は、思考のゆるさにつながります。ことばというのは、自分の意思を表明するときには「心の構え」でもあるのです。

【読む】漫読と精読、ふたつのスタイルがある

「読む力」は、前述の算数の文章題のように、各教科の学力に広くかかわってくる大変重要な基礎力です。

文章を読む場合にも、ふたとおりの読み方があります。

たとえば、自分の好きな本を読んでいるときは、読み落としや誤読もけっこうあるものです。楽しみながら読んでいるわけですから、多少の読み落としや誤読があったとし

ても、読書のスタイルとしてはそれでかまいません。これは、楽しみながら漫然と読むので、私は「漫読」といっています。

それに対して、国語の長文読解問題や算数の文章題に向き合うときのように、一字一句もらさないように最大限の注意を払って読むのが「精読」です。精読は「仕事」「義務」といった姿勢で読むことになるので、その〝苦痛〟に耐えなければなりません。

このふたつの読み方は、本や文章に向き合う態度としては、まったく別物です。それをわきまえないでいると、こんなグチがこぼれることになります。

「うちの子はけっこう本を読んでいるのに、なんで読解問題が苦手なんだろう……」

本の〝漫読〟だけでは、精読力や、それを前提とした読解力もなかなか身につかないのです。

【書く】親の余計な口出しは要注意

「書く力」は、基本的には話す力が文字に反映されるものですから、日ごろの親子の会話が土台になります。しかし、会話はしていても、いざ書こうとするとなかなか鉛筆が動かない子がいます。親御さんも「うちの子は作文が苦手で」とよく嘆きます。

作文の力をつけるためには、語彙力や漢字力も大切ですが、何より、その苦手意識をなくしてあげなければなりません。そうはわかっていても、実は苦手にさせているのがお母さん自身だったりするのです。

「感じたことをそのまま書きなさい」

「もっと書くことがあるでしょう」

「ほら、○○ちゃんみたいに書けばいいのよ」

書いているそばから、うるさく口を出してしまいます。

そして、書き終わったのを見て、

「う～ん、ここもう少し、なんとかなんないの？」

とダメ押し。これでは、子どもはほとほと嫌になってしまいます。

私はお母さん方に「低学年のうちは、基本的な文法や漢字のまちがい以外は、子どもの作文の内容には口出しをしないでください」とはっきりいっています。自分の思いを書くという、作文本来の基本姿勢が身につかないからです。お母さんが気に入るように書かなきゃ、そんな歪んだ意識が染みついてしまうのです。

書くことに関連していえば、ノートづけにも、親の口出しが災いすることがあります。「きちんと書きなさい」という口癖です。私は「きちんと病」といっていますが、ノートはとにかくきれいにつけなければいけないという、まちがった大人の〝方程式〟を押しつけているのです。

きちんと病が子どもに感染してしまうと、子どもは学校や塾でも、ただひたすら先生や講師の板書を写すことに力を注ぎ、話を聞いて頭のなかで思考を巡らせるという本来の学習態度が身につかなくなってしまいます。きちんと病が変異して「見て写し病」になってしまうのです。


ことばの力については、以上の点を、親の基本姿勢、心得としてしっかり頭に入れておいてください。ことに、幼児期や小学校の低学年までの時期がもっとも大切な時期であることを忘れないでください。

学力アップに深くかかわる「ことばの力」とは?

●精読力が特に問われる「読む力」

前述の4つの「ことばの力」のうち、学力に深くかかわる基礎力としてまず大切になるのは「読む力」です。ことに「精読力」は、国語の長文読解や、算数の文章題に向き合うときになくてはならない力です。

前述のように、精読は楽しみながら読むスタイルではなく、〝苦行〟のようにして読む姿勢が必要ですから、そう一朝一夕に身につくものではありません。ただ、頑張って読みきったときには、思考の扉が開かれたような快感が生まれてくるのが精読です。

小学校低学年のうちから、〝精読の快感〟を味わうのはなかなか難しいのですが、ただそれに近い心地良さを子どもに家庭で体験させてあげることはできます。

親子で、音読をすることです。

もともと、文字が読めるようになってくると、子どもは声に出して読みたがります。

私の経験からいっても、小学校の低学年で音読を嫌がる子はいません。ところどころでお母さんと交代するなど、親子で楽しみながらやってみましょう。

音読に慣れてきたら、今度は「音読ゲーム」に挑戦です。

この本は1行が39文字ですが、これくらいの1行の字数だと50行くらい（この本のページでいうと3ページ半ほど）の分量の文章を子どもに音読させるのです。

ゲームにするには、ルールが必要です。途中、つかえたり、読みまちがえたりしたら減点1です。たいてい、最初は20〜30カ所はつまずきます。その減点が、何回目でゼロになるか、表に記入しながらやるとゲーム感覚が出てきます。

つかえた箇所をあまり厳しくチェックしすぎると、子どもがへこんでしまうこともあるので、そのへんは柔軟に対応しましょう。

この音読ゲームが、一字一句もらさずに読み切る精読力をつけるうえで、とても効果があるのです。かつて、中学生の教え子で最難関の高校を狙える平均的な学力がありながら、国語だけが苦手という子がいたのですが、徹底的に取り組んだのがこの音読ゲームでした。

最初はつまずいてばかりでしたが、そのうち何を読ませてもチェックの数が少なくなり、国語の力もどんどんついていきました。そして見事、第一志望校に合格したのです。

音読ゲームは、国語の読解力だけでなく、算数の文章題の読み方にも好影響をもたらします。問題に向き合うときの集中力が養われるからです。

人は面白いこと、好きなことに打ち込んでいるときには、相当の集中力を発揮します。外遊びばかりして本も読まない子が算数の文章題がけっこうできたりするのは、外遊びで培われた集中力があるからです。

●正確さと面白さが決め手の「書く力」

学力に深くかかわるという意味では「書く力」もひじょうに大切です。

学校での勉強だけでなく、中学受験の国語では記述問題がいちばんの山場です。その記述問題に向き合うときには、長文を読み切る精読力や、要点をつかむ要約力も必要になってきます。

ですが、最終的には、その読み切った内容について問われたことを的確に書く表現力に行き着きます。家庭教育で、その的確な表現力を身につけさせていくには、ふたつの観点を忘れてはなりません。

ひとつは、読む人がちゃんと理解できるように正確に書かれているかという点です。正しい書きことばは、やはり正しい話しことばからです。日常会話のなかで、子どもがまちがった言い方をしたら、その場で正してあげるよう心がけましょう。

高学年になってくると、読む人に自分の考えをわかりやすく伝えるには、どう書けばいいかという他者視点も求められます。たとえば、自分の考えを伝えるために例を挙げたり、自分の体験を重ね合わせて書くといった配慮です。

ふたつめは、いかに面白く書けるかという点です。低学年のうちは、人を引きつけるための高度な文章テクニックは難しいので、自分が面白いと感じたことを自分のことばで書く意識をもたせるようにしましょう。

そのとき、親は余計な〝講釈〟はしないことです。低学年のうちは、とにかく自由に書かせることが肝心です。

子どもを書くことに慣れさせるには、日記がおすすめです。1日に書く量はけっして多くなくてもかまいません。1行でも2行でもいいのです。自分が体験したこと、自分がいいたいことを、自分のことばで書き続けることが大切なのです。

子どもの手がなかなか動き出さなかったり、途中でピタリと止まってしまったときは、ことばを引き出してあげるために「そのとき、どう思ったの?」などと、問いかけてあげてもいいでしょう。

ただし、「こうだったんじゃないの?」などと、本来、子どもが自分で考えて書くべきことを親が先回りしていうのはやめましょう。その時点ですでに、子どものことばではなくなってしまうからです。

「もっとうまく書かせたい」という親としての気持ちもわからないではありませんが、何よりも、子どもが「自分のことば」で書くことが大切なのです。

大人社会ではワンランク上の「ことば力」が必要

●相手を意識した会話力が必須

小さいころから育まれた「ことばの力」は、社会人になったときに、どのような能力として求められていくのでしょうか？

端的にいえば、「ビジネス仕様の言語能力」ということになりますが、それが問われるのは、ビジネス文書の作成、営業先でのセールストーク、取引先へのプレゼンテーション、社内会議、クレーム客への陳謝などなど、ビジネスのあらゆる場面に及びます。

会話力、コミュニケーション力、質問力など、ことばが核になるものだけでなく、営業力や折衝力、交渉力といった、対人場面で求められる能力はすべて言語能力が何らかの形で問われます。

その言語能力の土台をつくるのは、小さいときからの「聞く」「話す」「読む」「書く」それぞれの力です。

ただし、ビジネスではさらに高度になります。

たとえば話す力は、相手をより意識した会話力として身につけていかなければなりません。取引先へのプレゼンや社内の会議、上司・同僚との日常的なコミュニケーションなどは、話すことで事態が進み、仕事の成否が決まるといってもいいくらいです。

いくらメール・コミュニケーションが進んだとしても、ここいちばんのときには相手と顔を合わせます。そこで問われるのが、やはり会話力です。

その会話力にも、自分の考えや情報を相手に的確に伝え理解してもらう伝達力、自分の意見・主張によって相手を動かすことができる説得力がなければなりません。

●聞く力より「聴く力」が求められる

もうひとつ、社会人になったときにステップアップを迫られるのが「聞く力」です。

たんに話を理解する「聞く」という姿勢から、心を傾けて相手を理解する「聴く」という姿勢が欠かせません。

「聴く」の右側のつくり「恵」には「心」という字がありますが、「正しい心」「聞いて正しくさばく」という意味があります。

ビジネス現場で求められるのは、まさにその意味どおり、心を正して、率直に相手のことばに耳を傾ける姿勢です。聴いたあとには、的確な判断をして、事案をさばいていく必要も生じます。ここにもやはり、心の構えが求められるわけです。

先に、親御さんが話を聞くときのお手本を示してくださいと述べましたが、まさにこの「聴く態度」を小さいころから身につけさせてほしいからです。

●読み書きも、高度な感度があってこそ

「読む」ということに関しても、大人社会では、同じ「読む」と書いても、たんに文書を読むというだけでなく、相手の心を読む力も必要になってきます。ことばの背後にある相手のホンネを分析したり、相手への思いやりとして心を読む場面も出てきます。

この、人の心理を読む力は、国語の文章読解で筆者の意図を読み取る精読力と似ています。ことばの力の一部でありながら、実はあとの章で解説する「自分で考える力」や「想い浮かべる力」とも連携する力です。

「書く力」については、ビジネス社会では情報を整理して伝える記述力が何よりも重視されます。情緒的な表現はできるだけ廃して、いかに相手に的確に伝えられるか、前述の会話力で求められる伝達力が大切になるわけです。

文書の伝達力を高めるために、専門性の高い語彙力や構成力も必要になってきます。ことに語彙力は、学校で習得したことばとは比較にならないほど、豊富な語彙力が求められます。

このように見てくると、かなり高度な言語能力が社会人として求められそうですが、実は、前述したように、基本は小さいころから身につける「聞く」「話す」「読む」「書く」それぞれの力なのです。

基礎力としての「ことばの力」にさまざまな素養が加えられ、「メシが食える大人」としての厚みのある言語能力になると考えていいでしょう。

「話す」「書く」の正確さは、まめな辞書引きから

●ことばの正確な理解は、論理思考の大前提

ビジネス社会で求められる「厚みのある言語能力」と、小さいころから身につける「ことばの力」との関連性について、もう少し考えてみましょう。

たとえば、物事を的確に伝えることが重視される会話力にしても、情報を整理して伝える記述力にしても、突き詰めていくと「表現の正確性」ということになります。

表現の正確さは、小さいころから育む「ことばの力」としても、第一に子どもに身につけさせたいことです。

これは、第3章で解説する「自分で考える力」とも密接にかかわってきます。

自分で考える力のなかで、物事を筋道立てて考えていく論理思考は、ことばの正確な理解、的確な表現が大前提になります。自分の頭のなかで論理的に考えたことを、今度は人に伝えなくてはなりません。そのとき、話すうえでも、書くうえでも、相手と共通

のことばのルールを前提にしなければ、いくら伝えたいことがあっても伝わらなくなってしまいます。

大人になってからの正確な会話力や的確な記述力の原点は、小さいころからの「正しいことば遣い」といっていいでしょう。

●辞書を引く家庭の子は偏差値が高い

ことばの正しい理解や使い方の習得に、なくてはならない習慣が辞書引きです。

辞書引きの習慣が小さいころについていないと、大人になっても当然、辞書に手を伸ばすことが億劫になります。億劫という意識をもつ以前に、スルーしてしまうといったほうが適切かもしれません。

本や新聞を読んでいて、わからないことばや、いまひとつ理解があやふやなことばがあっても、それを知ろうとする意識自体がなくなってしまうのです。

そうなると、当然、語彙が乏しい大人になります。ときには、ことばの使い方をまちがって、恥をかくこともあるはずです。

そういう大人にしないためには、やはり、小さいころから子どもに辞書引きの習慣をつけておくことが大切です。

ただ、「辞書を引きなさい」と口でいうだけではダメですね。親御さん自身がその習慣をもたないと、子どもの意識にも根づきません。

テレビを親子で一緒に見ていて、子どもが「○○って、どういうこと？」と聞いてきたら、まずそばにある辞書を手渡してあげましょう。そのためにも、国語辞典はリビングの〝常備品〟でなければなりません。そして、親自身もわからないことばがあったら、その場で調べる姿を子どもに見せましょう。

実は、以前、塾の子どもたちに聞いて調べたことがあるのですが、親が辞書を引く習慣のある家庭では、子どもの偏差値が高いという傾向があることがわかりました。家庭での習慣が、子どもの学力にも直結するというわけです。

ちょっとでもわからないことがあると、気持ちが悪い。そんな意識を、小さいころから養っておきたいものです。

親のつぶやきが、子どもの表現力を豊かにする

●表現の豊かさは、人の心を動かす

大人の会話力としては、ことばの正確さや論理性だけでなく、豊かな表現力も求められます。

日ごろ、教育界の方やマスコミ業界、講演先の主催者側の方などいろいろな人と会いますが、会話をしていて表現力の奥行きのようなものを感じる方がいます。聞いていて、話にも説得力があるのです。おそらく、属する組織や会社でも、一目置かれているんだろうなぁと思ったりもします。

表現の豊かさとは、語彙が豊富というだけではありません。ことばの使い方が巧みであったり、状況描写が生き生きしていたり、物事をとらえる視点がユニークであったり、相手をハッとさせるような話し方ができることも含まれています。つまり、相手の心を動かす話し方ができるということです。

その心を動かすことば遣いのひとつとして「比喩」という表現手法があります。

たとえば、「燃えるようなもみじ」といった言い方をします。たんに「もみじがきれい」というより、「燃えるような」と比喩表現をすることで、もみじの赤々とした色彩が印象的に伝わってきます。

「水を打ったような静けさ」といえば、その場がシーンと静まり返って物音ひとつしない雰囲気が伝わってきます。

つまり、相手の心を動かす〝ことばのインパクト〟がグンと高まるのです。

ただし、比喩表現というのは、たんに慣用句として頭のなかに入れておくだけでは、なかなか自分のことばにはなりません。

「水を打ったような静けさ」ということばも、なぜ「水を打つ」ことが「静か」という表現に結びつくのか、いまの子どもたちには実感できません。そもそも、「水を打つ」ということばが、「水をまく」意味だと知らない子もいます。

夏場、道に水をまいて涼をとるような習慣もすっかり廃れてしまいましたが、それでも、下町や地方の城下町などに行くと、道路に水が打たれている風景に出合うことがあります。子どもにとっては、実際の風景を目にすることが何よりですが、せめて、そういう生活習慣からきていることを、親御さんが教えられるといいですね。

●周りから一目置かれる大人にするために

他にも「抜けるような青空」とか「目に染みるような新緑」など、自然の風景を描写する表現はたくさんあります。そのような表現を身につけるには、実際に目にしたときに、親御さんが思い出したようにぽつりとつぶやくのがいちばんです。

比喩表現を学ぶチャンスがいっぱいあるのが、自然に触れるときです。表現の豊かさは、生の体験があってこそ深く身につくものです。

比喩表現だけでなく、難しさを実感したときに「口でいうほど簡単ではない」といえたり、冷静でいることを「何事もなかったかのような顔で」などと書けるようになるのは、やはり家庭での会話習慣があってこそです。

将来、周りから一目置かれるような（これも、比喩表現ですね）社会人にするために、奥行きのあることばの表現力をぜひ身につけさせてあげてください。

「自分のことば」の引き出しを多くしてあげる

●問題意識がないと「自分のことば」は生まれない

家庭や学校教育のなかで培われてきた「ことばの力」が社会で最初に試されるのは、メシが食える大人として最初の関門となる就職活動のときかもしれません。

最近は、大学の就職課もSPI試験対策講座を開いたり模擬面接をしたり、就活を一生懸命サポートしています。学生も志望する企業の情報収集には余念がありません。

しかし、企業の採用担当者がよく口にするのは、志望動機を聞かれたときのことばが、判で押したように同じだということです。つまり、マニュアルどおりなのです。

景気の先行きが不透明で、新規採用も絞り込みたい企業側は、〝その他大勢組〟には食指を動かしません。やはり「自分」をしっかりもっている優秀な学生だけに狙いを定めます。

その判定基準のひとつが、面接時に「自分のことば」で語れるかどうかです。

たとえば、志望動機でも「業界をリードする御社の将来性に魅力を感じたから」といったありきたりのことばでは、採用担当者の心は動きません。同業他社に面接のエントリーをしていることなど先刻承知です。そういう就職活動のなかで、なぜウチの会社に入りたいと思うのか、そのホンネを聞きたいわけです。

たとえ稚拙な表現であっても、この会社でこういう仕事をしたいからと、説得力のあることばで語れなければ、メシを食うための第一歩が踏み出せないのです。

自分のことばで語るということは、問題意識をもっていなければできません。自分の生き方にかかわることでも、社会政策に関することでも、自分なりの切実な思いをなんとかしたい、その思いから発したことばこそが「自分のことば」といえます。

先ほどの比喩表現などの慣用句は〝世間に流通する言語表現〟といえますが、「自分のことば」は、自らの内面と向き合い、少し大仰にいえば〝格闘〟していかないと、なかなか身につきません。

自分の内面と向き合うには、やはり日記がいちばんです。本来であれば、「親には見せない日記」がもっとも自分と〝格闘〟できるフィールドになります。しかし、それは子どもが少し大きくなってからの話です。

小学校の低学年くらいまでは、親子で一緒に取り組む「親子日記」でいいと思います。親子で会話をしながら、子どもから「自分のことば」を引き出すサポートをしてあげればいいのです。

たとえば、親子でどこかへ出かけたとき、家に帰ってきて何が面白かったのか、じっくり話し合う時間をとります。

「ねぇ、今日の遊園地、何が面白かった？」

「う〜ん、ジェットコースター」

「どんなところが、面白かった？」

「すっごい、落ちそうな気がして……」

こんなふうに会話を重ねて、「自分のことば」が出てくるのをじっくり待つのです。ここでは「落ちそうな気がして」というのが、もう「自分のことば」になっています。比喩表現の芽生えともいえます。

そんな表現が口をついたとき、すかさず褒《ほ》めてあげるのです。

「へーえ、落ちそうな気がしたんだ」

子どものことばを繰り返すだけでOKです。

(自分が思ったことをいったら、お母さんがもっと聞きたいみたいだった……)

そんなふうに子どもが感じてくれればいいのです。

母親が関心を示したことばは、子どもにとっては、自分のことばの引き出しを増やすことになります。引き出しの数が、表現力の豊かさにつながります。

行楽の体験だけでなく、毎日の学校の出来事でも、ていねいに聞いてあげることが大切です。聞くだけでなく、どんなふうに思ったのか、どんなふうに感じたのか、お母さんが質問の〝二の矢〟を放ってあげましょう。そして、子どもが自分なりのことばで、何かをいい表したときに、表情豊かに関心を示してあげるのです。

家庭で身につけた「自分のことば」は、やがて学校の先生や友だちとの会話でもまれていくことになります。それが、自分の言語表現が世間の感覚にさらされるトレーニングにもなります。さらにそのずっと先に、就活のような場面が待っているわけです。

いまから、「自分のことば」の引き出しをできるだけ多くしてあげましょう。

子どもを成長させる、人を思いやることば遣い

●他者性を意識させる〝逆インタビュー〟

「自分のことば」の引き出しを少しずつ増やせるようになったら、親御さんに意識してもらいたいのが、相手を思いやることば遣いです。

相手を思いやるというと、やさしい気遣いとか、いたわりのことばをかけるといったイメージですが、私がいう「相手を思いやる」というのは、もっと広い意味で「相手の立場に立つ」ということです。ときには、冷静な目で相手を見詰める〝大人の心〟も少しずつ養ってほしいからです。

これを、難しいことばでいうと「他者性」という言い方になります。前に「他者視点」ということばを使いましたが、それとほぼイコールと考えていただいていいでしょう。要するに、相手の立場に立って考えることですが、その「他者性」がないと、前述のように国語の物語文を読んだときの心情読解はできません。

さらに、社会人になってからは、相手にわかりやすく伝えたり、相手のことばにしっかり耳を傾けて、要は何がいいたいのか理解するということもできません。

大人になればごく当たり前のように意識することですが、小学校低学年くらいまでは、なかなかその感覚がもてないのです。自我というものをまだ意識できないからです。自我というのは、他者を意識して初めて生まれるものなのです。

やがて、そういう段階がくることも踏まえて、「他者」を意識したことば遣いを少しずつできるようにしておくと、学力を養ううえでも、社会人として人間力を高めるうえでも、素地づくりになると思います。

トレーニングとしておすすめなのは、親子会話での〝逆インタビュー〟です。

先ほど、「自分のことば」を子どもから引き出すために、お母さんが質問する方法を紹介しましたが、ときどき、その逆のパターンをやってみるのも効果的です。

通常だと「今日、学校で何があったの？」と子どもに聞きますね。それはそれでいいのですが、ときどき、「今度はあなたがママにインタビューしてくれる？」と子どもに投げかけるのです。

子どもはけっこう喜んでやります。お母さんもホンネで〝インタビュー〟に答えます。

「今日は朝から忙しくて、もうヘトヘトなの」

「えー、じゃあ、夕ご飯はどうするの？」

子どもは、そんなことが先に気になります。

「う～ん、作らないとみんなおなかが減っちゃうしねぇ」

本当に疲れていそうなお母さんの顔を見て、子どもなりに考えます。

「じゃあ、一緒に買い物に行く？」

これが、「他者性」を意識したことばです。お母さんの立場に立って、自分が一緒に買い物に行ってあげれば、少しでも元気になるかもしれないと考えるわけです。

そんなひと言は、お母さんにとってはうれしい限りですが、もう少し冷静に考えると、自分と相手の関係性を意識したことば遣いの始まりでもあるのです。

それは、第4章で触れる「想い浮かべる力」とも密接につながる〝知性の広がり〟というべきものです。ぜひ、日ごろの会話で意識してみてください。

3

自分で考える力

── 思考のエンジンをぐんぐん回す

考える力はまず「考えようとする意欲」から

●思考の〝自走力〟をつけてあげたい

人間は「考える動物」です。生きていれば、何かしら、物事を考えています。しかし、ただ漫然と思いを巡らせている状態の「考える」と、この章のテーマである「自分で考える」ということの意味は大きく違います。

あくまで「自分で」というところがポイントです。

考えるときに、自分の頭を使うのは当然なのですが、問題は「考えようとする意欲」があるかどうかです。

親に「勉強しなさい」とガミガミいわれて、嫌々ながら勉強していたのでは、たとえ自分の頭を使って、自分で考えて勉強していたとしても、そこには「やんなきゃ」という前向きな意欲はありません。

もっといえば、「考えるのが楽しい」「考えずにいられない」くらいのひたむきな前向きさがないと、自分で考える頭の機能は十分に働かないのです。

ですから、自分で考える力というのは、まず意欲が勝負です。考えようとする意思・意欲がもてると、たとえば、論理的な思考を積み上げる算数の問題に立ち向かうときにも、根気強く取り組んでいくことができます。

社会人になってからも、考えようとする意欲が途絶えない人は、いわば「思考の自走力」がつきます。思考の自走力というのは、考えることが、次の新たな思考を促し、それがまた楽しくて仕方ないといった〝思考の内燃機関〟が頭のなかにできあがるような状態です。

たとえば、中学生で数学ができる子を見ていると、証明問題で誰かが解法を示すと、自分は絶対それとは違う解法で答えを導き出してやると意気込むタイプがいます。ひとりで取り組んでいて、自分が導き出した解法が模範例と違っていても、「自分の〝別解〟のほうがエライ！」と思うタイプです。

そういう子は、やはり自分で考えるのが楽しいわけです。先ほどのことばでいえば、〝思考の内燃機関〟がどんどん働いていくのです。義務感から問題に取り組んでいたのでは、そうはなりません。あくまで意欲があるからこそ、そこまで「燃える」のです。

自分から勉強しようとしないわが子に頭を痛めているお母さんにとっては、なんともうらやましい話です。なかには、

「それは、もともと頭の出来が違うからでは？」

と思う親御さんもいるかもしれません。しかし、先ほど述べたように「自分で考える力」は、頭の出来・不出来以前に、まず「考えようとする意欲」なのです。

その意欲の芽を、実は無意識のうちにつぶしてしまうことがあります。しかも、親としては「わが子のため」と思ってやっていることが、逆効果になることがあるのです。

●種は芽を出す、芽は伸びる

親御さんのなかには、幼児期の早い段階から、いわゆる「早期教育」に邁進する人がいます。文字でも数字でも、とにかく早くから習得させたほうが、知能の発達も早いと考えているのです。

しかし、あまり早い段階で知識を詰め込むことは、ヒトの脳の発達段階を考えると好

ましくないと指摘する脳科学者もいます。脳内のネットワークが形成される時期に、刺激ばかり与えると健全な発達が阻害される可能性があるというのです。

早期教育に関心のあるお母さんは、たいてい他の習い事も早い段階からいろいろやらせようとします。

そして、よその子と比べて少しでも遅れをとりそうになると焦り始めます。

(なんで、うちの子は上達が遅いのかしら……)

そんな思いが、ふと子どもの前で口に出るときがあるのです。

「なんで、できないの！　ちゃんと先生のいうとおりやんなきゃダメじゃないの」

これが、子どもの意欲を萎えさせてしまいます。

習い事だけでなく、勉強でも同様の態度をとって、子どもの意欲の芽を摘んでしまうのです。習い事も勉強も、すべて親の強制の下で嫌々ながらやる。そこには、やる気もなければ、やり遂げた達成感も生まれません。

それなら、むしろ、遊びを目いっぱいやらせていたほうが、その子の将来のためです。むしろ、自分で面白いと思いながらのめり込む遊びのほうが、ヘタな習い事よりずっと知性の発達が期待できます。

「種は芽を出す。芽は伸びる。そういうふうにできている」

これが、私の幼児期の子どもに対する見方です。

親が無理して肥料を与えようとしなくても、子どもという種は、自然に水分を吸収し、大地に根を生やし、そして空に向かって伸びていくものなのです。

それを親の価値観で、無理に芽を引っ張り出すようなことをするから、子どもは、それ以上芽を伸ばすことをやめてしまうのです。

私のかつての教え子で、消しゴムのかすを集めて喜んでいる子がいましたが、それも立派な熱中体験です。

そんなわが子を見ると、親はつい「何をいったい変なことを……」と思ってしまうのです。その〝変なこと〟に向き合う意欲と、前述の〝別解〟を意地になって見つけ出そうとする意欲、これはまったく同じものだと私は思います。

各教科の学力を底上げする「考える力」

●親子で一緒に遊び、調べ、考える

では、自分で考える力の源となる「考える意欲」の芽は、学校で勉強する各教科で、どのように〝発芽〟するのでしょうか。そして、親としてどう向き合っていけばいいのか。算数、国語、理科、社会の各教科ごとに見ていきましょう。

【算数】手を動かしながら考える

まず、46～47ページの俯瞰図をもう一度ご覧になってください。

中央の太い線に囲まれたスペースの下に、「算数・数学の力」に求められる力として「見える力」というのがあります。

見える力とは、図形問題で答えを導くのに必須の補助線がパッと見えたり、立体図形を頭のなかで自在に回転させることができたりする、一種のイメージ力です。

見える力には、「空間認識力」「図形センス」「試行錯誤力」「発見力」の4つの力があり、互いに深く関連し合いながらも、それぞれ独立して働きます。

なかでも試行錯誤力は、本書で紹介している5つの基礎力のうちの「試そうとする力」（第5章）に直結する能力ですが、実はこの章のテーマである「自分で考える力」にも深くかかわっているのです。

たとえば、先ほどの補助線のケースでいえば、パッと1本の線を想い浮かべる子もいますが、たいていは手を動かしながら「これだ！」という線に行き着きます。あるいは文章題に向き合ったときに、読むと同時に図を描き出したり、整数問題に取り組むときにサッと表組みをつくり始めたり。いずれの場合も、できる子に共通しているのは、すぐに手が動くことです。

この手を動かそうとする行為そのものが、考えようとする意思・意欲なのです。

「手は身体の外に出た脳」ともいわれるほど、手の動きと脳の活動とは密接な連携がはかられています。手を動かすことは、脳を働かせるスイッチのようなものです。

ゆえに、小さいころの、手を動かしながら頭を働かせる遊びはとても大切です。

積み木は、図形センスや空間認識力を養ううえで絶好の遊びです。他にも、パズル、折り紙、紙粘土など、年齢に応じたさまざまな〝手で考える玩具〟があります。

ぜひ、手を動かして考えることに慣れさせておいてください。

【国語】1行読書ノートで意欲が向上

国語で「自分で考える力」がどう発揮されるかは、前述の「詰める力」（46ページ参照）に大きくかかわってきます。まず〝苦行〟ともいえる長文読解をするときの「精読力」、最後まで読み切ろうとする「意志力」。このふたつの能力に関しては、算数で求められる「試行錯誤力」と同様、相当の意欲がないと発揮できません。

そして、「話す」「書く」といった表現分野になると、同じ「詰める力」のなかの「論理性」や「要約力」が深くかかわってきます。

また、筆者の心情を考えたり、記述された情景を想像する際には、第4章の「想い浮かべる力」とも密接にからんできますが、これはのちほど詳しく触れることにします。

いずれにしろ、国語に求められる精読力、意志力、論理性、要約力をつけていくには意思的な「自分で考える力」がなくてはならないのですが、その意欲を育むトレーニングとしては読書ノートがおすすめです。

家族全員が読書習慣をもつことが理想ですが、お母さんが忙しかったり、子どもが読書嫌いの場合は、せめて1～2週間に一度、休日に子どもと一緒に本の音読をしましょう。親子で一緒の音読なら子どもも嫌がらないはずです。

そして読み終わったら、読書ノートに感想を書くのです。ただし、作文と同じように、低学年のうちは「あのことを書いたら?」などとあまり口出しはしないほうがいいでしょう。「○○○が、△△△した話」などと、1行書くだけでもいいのです。

音読しながら精読し、書くときには必然的に要約の第一歩が始まります。自然に、国語力を押し上げていくことにもなります。

【理科】日常生活の「不思議」が力をつける

理科は、現象から自然の法則を学んでいく帰納法的な学習分野ですから、「なぜ?」と思うような不思議な現象、出来事を子どもにたくさん問いかけたり、体感させてあげることが、考える意欲を育みます。驚きが知識欲をくすぐるのです。

大自然のなかに行かなくても、日常生活のなかに「不思議」はいっぱいあります。

「サラダにドレッシングをかけるときに、振るのはなんでだろう？」

「寒いときにお父さんが家に入って、メガネがくもるのはなぜ？」

「一緒に風呂に入ったとき、お湯が湯船からこぼれそうでこぼれないのはどうして？」

「橋のつなぎめに、なんですきまが空いているんだろう？」

こんな素朴な疑問を親がつぶやいたときに、子どもが関心を示したら、さっそく親子で一緒に調べてみましょう。

そして、いつの日か、学校や塾で、実際に勉強したときに、「あ、あのときのあれだ！」と子どもが思い出してくれたら、しめたものです。実際に現象を見て不思議を感じ、その深い理由を知る、それが理科の醍醐味なのです。

【社会】点と点をつなぐ喜びを教える

社会は、一つひとつ知識を積み重ねていく学習分野ですが、学んだAということを、他のBという学習内容と結びつける「つなぐ意識」をもたせるようにすると、理科で経験する醍醐味と同じように、勉強するモチベーションが高まります。

たとえば、どうしてこの地域に、この産物が多いのか。それは、地形がこうだから。そういえば、昔この地域でこんな出来事があったのは、この産物とも関係があったんだ。という具合に、個々の学習内容を因果関係でつなげられるときがあります。

因果関係で複数の事象をとらえることは、論理思考の基本です。

「どうして?」「なぜ?」と思ったことが、他の学習内容と結びついたとき「わかった!」という一種の快感が生まれます。それが、新たな学習内容への関心の扉を開くのです。

日ごろの会話で、お母さんやお父さんが「知識の点と点をつなぐヒント」をお子さんに出してあげられるのが理想です。

親御さんもちょっぴり勉強しなければなりませんが、いまはインターネットという便利なツールもあります。お子さんに内緒で調べておいたらいかがですか?

メシが食える仕事人は独創的な「発見力」がある

●課題解決に欠かせない意志力と発見力

小さいころから家庭や学校で育まれる「自分で考える力」は、社会人になったときにどのように結実するのでしょうか。

ビジネスでは、思考力を要するさまざまな能力が求められますが、「自分で考える力」からくるもっとも重要な能力を挙げるとすれば、課題解決力ではないかと思います。

仕事では、与えられた業務の遂行、目標の達成、新たな営業先の開拓、業務の改善、トラブルへの対応など、さまざまな課題と向き合うことになりますが、いずれにおいても、主体的な思考力をもって臨まなければ、課題の解決・達成には至りません。

もちろん、意欲だけでは事は進んでいきません。限られた時間とコスト・人員のなかで、いかに効率的・合理的にゴールにたどり着くかが勝負です。

まえがきで触れた『情熱大陸』で、私の放映日の前の週に、コンサルタントの横田尚哉さんという方が出演していました。10年間で総額1兆円分の公共事業の改善に取り組み、なんと2000億円分のコストカットを実現した名うてのコンサルタントです。

それほどの大胆なコストカットを達成するには、現場で相当の抵抗もあったと思いますが、経費削減というゴールはひじょうに明確。しかも、彼には「30年後の子どもたちのために、輝く未来を遺したい」という崇高な理念がありました。

取り組む課題が大きくなればなるほど、目の前に立ちはだかる困難に足を引っ張られて、いつのまにかゴールが遠のいたり、目標がすり替わったりすることが往々にしてあります。横田さんのようなスケールの大きな話でなくても、日常的なビジネスの場面でも、同様のことは起こります。議論の着地点（ゴール）がどこなのかを忘れて、話が堂々巡りをするといった事態は私たちもよく経験します。

そんなとき、「メシが食える仕事人」かどうかが問われるのです。

第一に必要なのは、課題解決のために論理的に緻密な思考を積み重ねていく執念のようなものです。46〜47ページの俯瞰図にある学力的な観点から見た能力でいえば「意志力」ということになります。「詰める力」に属する能力です。

そしてもうひとつ重要になるのが、かたくなに守られてきた旧来の仕事の進め方や、煮詰まった議論の場で課題解決の突破口を見い出す独創的な発想力です。これも俯瞰図にある能力でいえば、「見える力」に属する「発見力」ということになります。

●固定観念を取り払った発想をもつ

前出の横田尚哉さんの改善手法で〝伝家の宝刀〟となっているのが「ファンクショナル・アプローチ」という考え方です。これは、世界最大のコングロマリット企業、ゼネラル・エレクトリック社（GE）で開発された課題解決の技法です。

従来の課題解決手法に比べて革新的なのは、問題を直接解決しようとするのではなく、一度、その機能（ファンクション）に置き換えてから解決しようという発想です。

たとえば、ホテルのユニットバスを仕切るカーテン。これは、ユニットバスで立ってシャワーを浴びるときに、お湯が飛び散らないように仕切る「機能」があります。

ここで、シャワーを浴びるときの空間の狭さをなんとかしたいという課題があったとします。普通はユニットバス自体を大きくしてスペースを広げることを考えますね。ところが、カーテンの向こう側の洗面所部分を狭くするし、工事費もかかる。

さて、ここでもう一度、カーテンの機能に着目します。機能として「空間を仕切る」という役割もありますが、発想を変えれば「空間をつくる」という機能もある。そこで浮かんだアイデアが、カーテンレールをバスの外側へ湾曲させて空間を広げるという発想です。カーテンレールを取り換えるだけですから、ユニットバスを取り換える工事に比べたら、費用はうんと安くてすみます。

このカーテンレールを湾曲させるという方法は、「カーテンレールは真っすぐなもの」という固定観念にとらわれない独創的な発想です。これこそが、思考の枠組みを取り外したところから生まれる「発見力」です。

メシが食える仕事人としての真骨頂ともいえます。

●思考の型があると、思わず見えちゃう

常識的な発想から離れて、新たな着眼点を見い出す「発見力」。これは、ウンウンうなって絞り出すような思考というより、「思わず見えちゃった」という言い方がふさわ

しい感覚です。実は、この「見えちゃう力」が、難関とされる中学、さらには高校、大学の入試でも問われるのです。

発見力が問われる問題例を99ページに示しましたが、〝意欲〟のある親御さんはチャレンジしてみてください。けっこう骨のある問題です。

発見力のような「見える力」は、小さいころからのドリル学習の積み重ねではけっして身につくものではありません。むしろ、五感を目いっぱい使って無我夢中に遊ぶ体験のほうが、まちがいなく効果があります。

たとえば、木登りや鬼ごっこにしても、われを忘れて熱中しているときは、身体を動かしながらも全神経を集中させ、脳も活発に働いているはずです。ドリルに向き合っているときとは、まったく違う頭脳活動がそこにあります。

私は、そういった五感をフル活動させたときの脳には、一種の「思考の型」のようなものができるのではないかと考えています。自分の身の危険も瞬時に判断するような本能的な思考とでもいえばいいのか、とにかく身体に染みついてしまう思考力です。

前述の横田さんの例でいえば、「ファンクショナル・アプローチ」という基本的な「思考の型」が土台にあるからこそ、常識的な発想では見えない着眼点も発見できたのではないでしょうか。

それと、もうひとつ付け加えれば、この発見力は笑いのセンスとも密接なかかわりがあるような気がします。

落語家やお笑いタレントで話芸のうまい人は、話の最後に大笑いするオチをうまくもってきます。私たちが常識的な感覚で予想する話の文脈を、ものの見事にひっくり返す発想があります。あのオチを思いつく感覚が、難問に向き合って独創的な着眼点を見つける発見力と通じるものがあるのです。

そう考えると、家庭でできることとしては、親子でダジャレをいい合うのもいいですね。ウケを狙うためにいろいろ考えることが、自分で考える「思考の型」をつくり、ひいては、発見力のトレーニングにもなりそうです。

笑いのセンスは、第5章の「試そうとする力」ともかかわってきます。詳しくは165ページを参照ください。

図形問題は発見力が勝負!

問題

長方形と直角三角形でできた容器に水を入れて密封します。この容器を、下の図のように、長方形BCFEが下になるように水平な床に置いたところ、水の深さは10cmになりました。次の問いに答えなさい。

❶ 長方形ACFDが下になるように置くと、水の深さは何cmになりますか。

❷ 辺CFを床につけたまま容器を回転し、水面が辺ADと重なるようにします。水面と辺BCとの交点をGとすると、BGの長さは何cmになりますか。

(筑波大学附属駒場中学　算数入試問題)

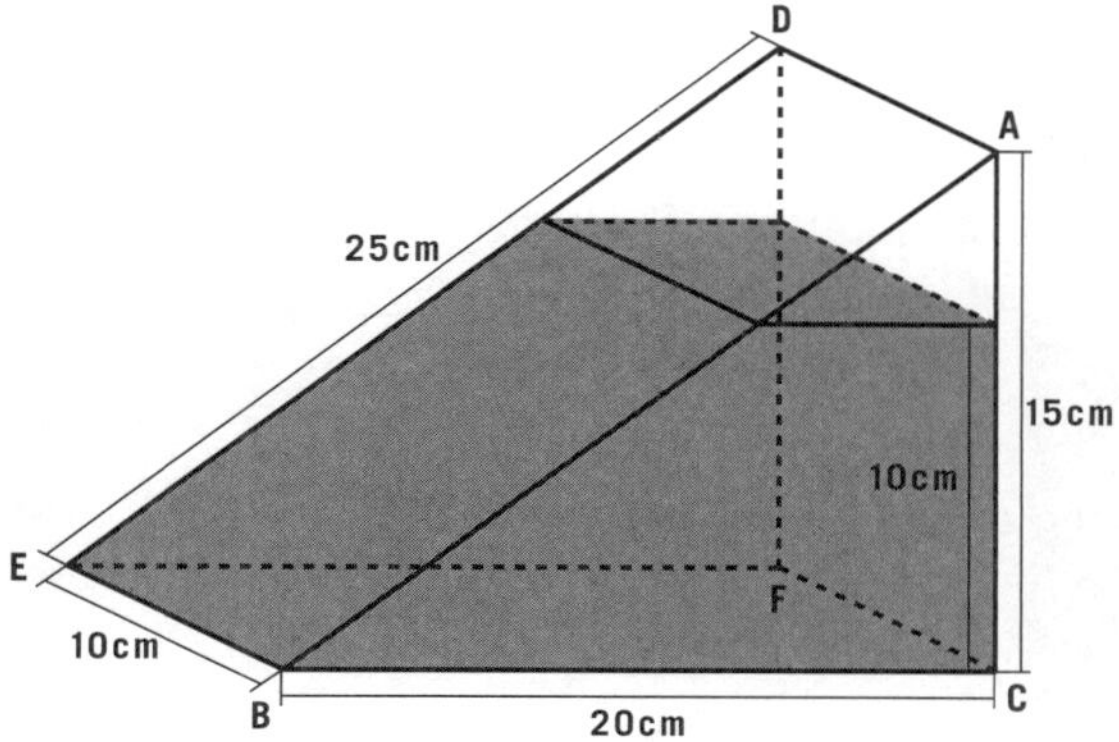

解答 ←

「実は平面問題」と見抜けるかどうかがカギ

解答と解説

奥行きはいつも同じだから、手前の面の「ただの平面の問題」と考えてよいという「発見」ができるかどうかが問われる。

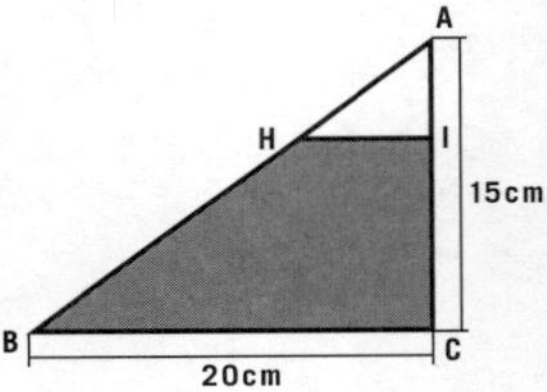

①

右のように90度回転しても、面積は同じ。上の台形HBCIの高さは、三角形ABCの高さの $\frac{2}{3}$

∴右のJC（水の深さ）は、

$20 \times \frac{2}{3} = \frac{40}{3} = 13\frac{1}{3}$ cm

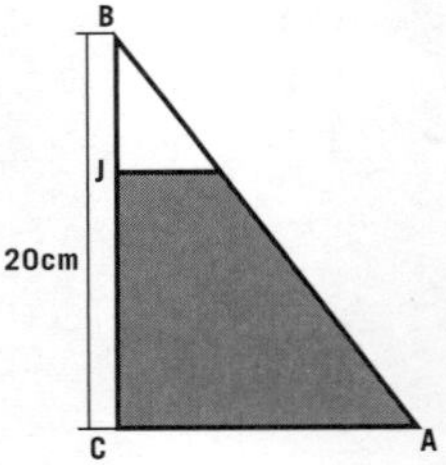

②

右のように傾けても、灰色部分の面積は一定。つまり、

三角形BGA＝三角形AHI

$BG \times 15 \times \frac{1}{2} = \frac{20}{3} \times 5 \times \frac{1}{2}$

$BG = \frac{20}{3} \times \frac{5}{15} = \frac{20}{9} = 2\frac{2}{9}$ cm

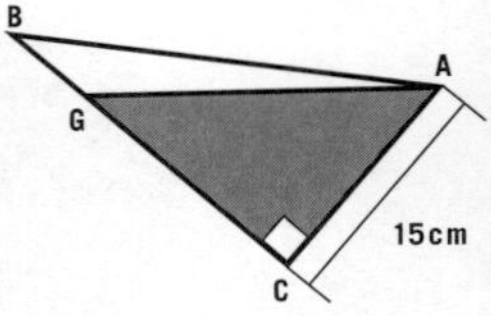

もちろん、相似比と面積比についての知識があれば、もっと簡単に解けます。

身につけさせたい「しつこい思考力」

●〝迷走の樹海〟にはまらないために

最近「アジェンダ」ということばをよく耳にしますが、日本語でいうと「行動計画」とか「検討課題」という意味になります。

会議でゴールがどこなのかを忘れて、議論が堂々巡りをする最大の原因が、この「検討課題」を参加者がきちんと認識していないことです。

実はこれと似たようなことが、子どもの勉強でも起こります。典型的なのが、作文や記述問題の解答で、書いているうちに、いったい何を書いているのか、わけがわからなくなってしまうパターンです。問題で問われていること（検討課題）が、いつのまにか頭から消えてしまっているのです。

逆に、証明問題で、模範例とは別の解法を思いつくような子は、どんな解法プロセスをたどったとしても、ゴールが頭から離れていないわけです。

なぜ、途中でゴールを見失うのでしょう。

それは、考えるべき道筋を見極めないまま走り出してしまうからです。作文が苦手な子どものケースを考えるとわかりやすいと思います。

たとえば、とにかく思いついた1文目を書く。その1文目に書いた思い入れのあることばに誘発されて、連想したことを思いつくまま2文目に書く。そのとき、すでに道がずれ始めているのです。2文目を書いたときも、やはり同様のことが起きて、3文目を書く。そして、「道」はどんどんそれて、いつのまにか〝迷子〟になる。

こういう現象が起きるのは、作文を書くときばかりではありません。算数の問題を解くときにも、問題文に提示されている前提条件を見極めずに走り出して、気がついたら〝迷走の樹海〟に入り込んでしまうことがよく起こります。

このような思考の迷走を防ぐためには、詰める力（46ページ参照）が大切になってきます。問題を読むときの精読力、要はこういうことなんだと見極める要約力、必要条件となることを整理する論理性、そして、必要条件を前提として絞られた思考の道筋をたどる意志力が問われるのです。

こう書いてもなかなか実感できないと思いますので、ここでまた例題を出しておきましょう。

105ページにあるのがそれですが、これもかなりの難問です。講演などで、論理思考の何たるかをわかってもらうために親御さんたちに挑戦してもらうことがありますが、多くの方が迷走の樹海にはまってしまいます。

詳しい解説は106ページの解答欄にゆだねますが、わかっていただきたいのは、前提条件をきちんと認識しないと、思考がいかに錯綜するかということです。

それと同じことが起きるのが、議論が堂々巡りする会議です。子どもが将来、メシが食える仕事人としてビジネス現場で力を発揮していくためには、思考の道筋をきちんを見極められる力をつけてあげることが肝心なのです。

●自分でゴールにたどり着くのが快感

では、まだ105ページの難問に挑めるような年齢に達していない子どもに、いま親として、してあげられることは何か。

物事を最後までやり遂げる「しつこさ」を身につけさせることです。

幼児や小学校低学年の子どもに、やり遂げたときの快感を味わわせるためには、ドリルなどのパターン学習より、むしろ遊びやゲームのほうが、楽しみながら〝しつこい思考力〟を育めるはずです。知育玩具のようなものでもいいでしょう。

花まる学習会では、算数の指導の一環として、「アルゴ」という推理カードゲームや、私たちがつくった「なぞぺ〜」という算数脳パズルを取り入れていますが、ちょっと悩んでいる子に他の子が「教えてあげようか」などというと、とたんに「やめて！」という声が出ます。自分で最後までやり抜きたいという思いがあるからです。

そんな子どもたちにとっては、自分で考え、自分でゴールにたどり着くことが何よりも快感なのです。

しつこい思考力を育む「やり抜く力」については、第6章で詳しく解説しますが、国語や算数の学力向上にも欠かせない論理性や精読力なども、しつこさが原点であることをぜひ知っておいてください。

緻密な論理思考が問われる

問題

下の図のABCDEの5つのお皿には、それぞれいくつかのキャンデーがのっています。

このうちの1皿を取るか、つながった2つ以上のお皿を取ることによって（たとえばAとB、DとEとAなど）、お皿の上のキャンデーで、1から21までのすべての個数を作ることができます。

それぞれのお皿にのっているキャンデーの個数を求めない。


（算数オリンピック　第4回予選より）

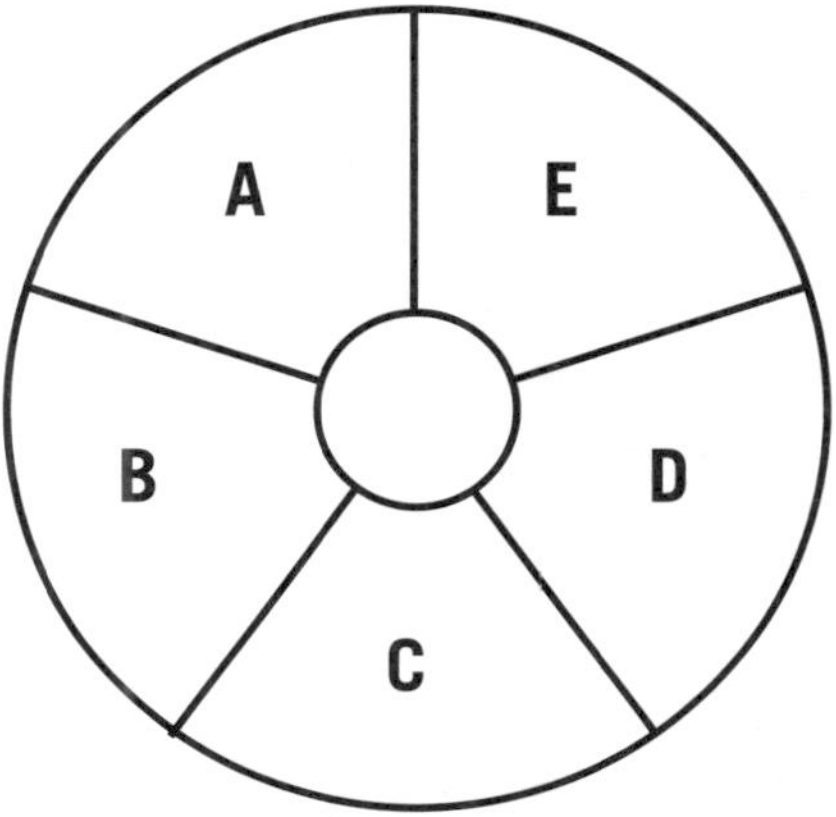

解答

相当の意志力がなくては たどり着けない

解答と解説

論理性の柱は、「必ず決まる条件（必要条件）を押さえること」と、「決まらなければ、場合分けして考えること」の2つ。

まず、皿の取り方を考えると、1皿…5通り、2皿…5通り、3皿…5通り、4皿…5通り、5皿…1通り、合計21通りしかない。1～21のすべての個数を取れることから、「どの個数でもただ1通りの取り方しかできない」「総和は21である」という必要条件が導き出せる。また、「1は必要」「2も必要」と絞り込める。あとは忍耐を要する「場合分け」の出番。下がそのフローチャート。

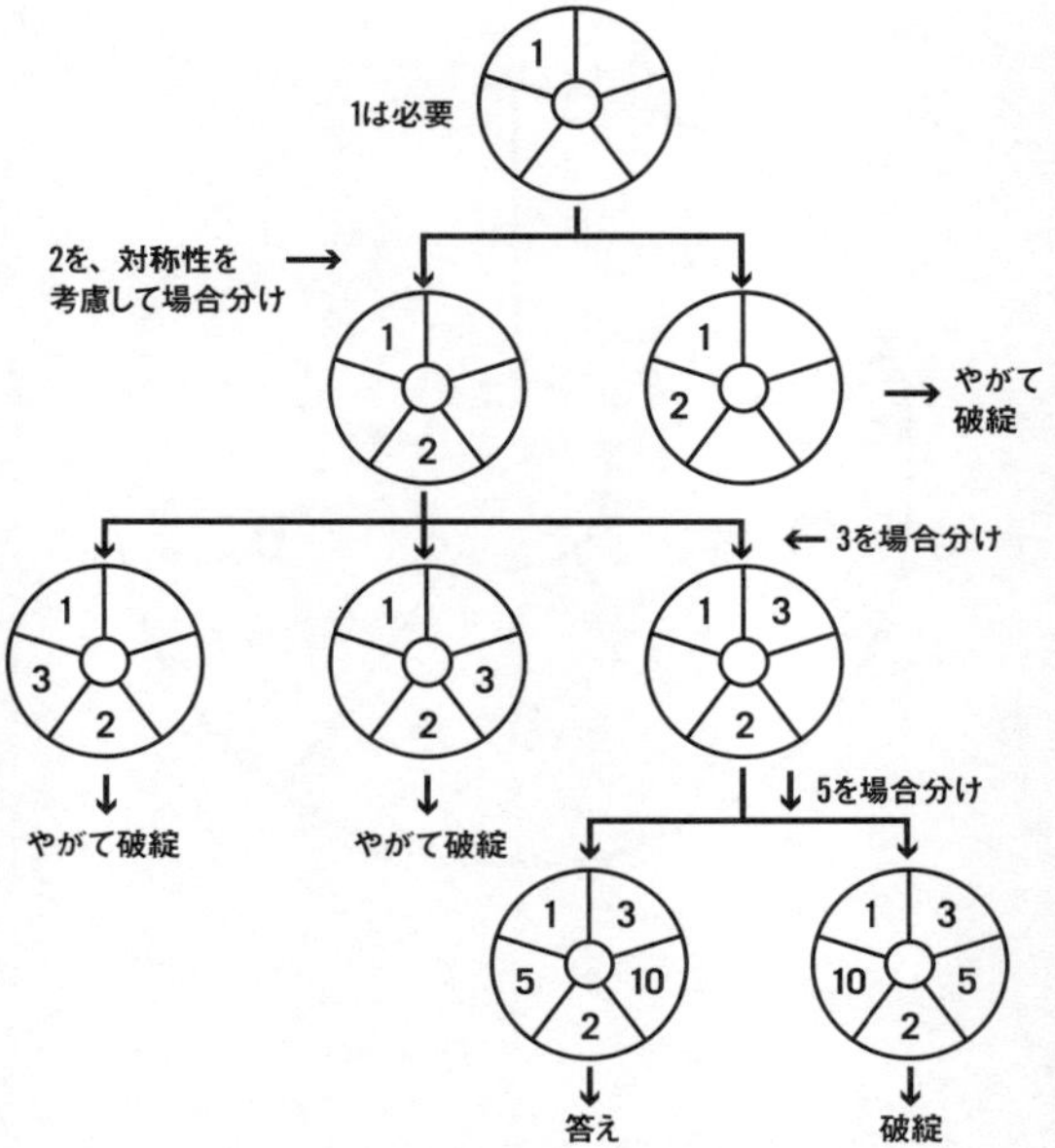

子どもの「なぜ？」「なあに？」には必ず答える

●小さいころからの思考習慣がものをいう

「なぜ？」と思う体験の大切さについては、前にも少し触れましたが、ここで改めて解説しておきましょう。

ビジネス社会で求められる課題解決力は、会社や上司から与えられた課題を一定のレベルでこなすだけの力ではありません。それも確かに大事ですが、むしろ自分から課題を設定し、ときには会社にも提案する「仕事をつくれる力」こそが、ビジネスパーソンの力量が問われるところなのです。

その「仕事をつくる」思考習慣の原点となるのが、「なぜ？」「どうして？」という発想です。

なぜ、この商品の売り上げが伸びないのか？　なぜ、他の課との連携がうまくいかないのか？　なぜ、あの企画が通らなかったのか？　そういう問題意識が、新たな販促プランや業務改善提案につながり、自分の新たな仕事をつくることになるのです。

つまり、「なぜ？」「どうして？」と考える習慣は、メシが食えるプロの仕事人になっていくためには必須のものといえます。組織でリーダーシップを発揮する人の条件ではないかと思います。

その「なぜ？」「どうして？」という思考習慣は、やはり小さいころからの思考習慣の賜物です。家庭での「なぜ？」の問答の量が大きくものをいいます。

塾の子どもたちを見ていても、少しでも疑問に思ったことを「これ、どういうことですか？」と聞いてくる子と、わからないことがあっても受け流している子とでは、伸びが大きく違うことを実感しています。

前述したように、小学校低学年までは「耳学問の時代」です。耳で聞いたことを、スポンジのようにどんどん吸収します。自分から「なぜだろう？」「どうしてだろう？」と思って得た知識は、しっかり頭に定着します。「一生の宝」といってもいいくらいです。

なので、子どもが「どうしてなの？」「あれ、なあに？」と聞いてきたときは、親としては、「ここで一生の宝物が授けられる」と最大限のお務めを果たさなければなりません。その場でできるだけていねいに説明してあげるのがいちばんですが、少しでも疑問点が残れば、あとで調べて教えてあげましょう。これは「親のしつこさ」として心がけるべきです。

もともと、子どもは「なぜ?」「どうして?」のかたまりです。本能的といっていい思考作用が働く生き物なのです。それは、お子さんがうんと小さいころを思い出せば、うなずけるはずです。

ところが、小学校の中学年・高学年となっていくにつれ、「なぜ?」「どうして?」が影を潜めてしまう。なぜでしょう?

これも、子どもたちやその親御さんと接してきた私の経験的な感覚ですが、小さいころから、知識を詰め込むだけのパターン学習をしてきた子ほど、「なぜ?」「どうして?」という意識が希薄になる傾向が強いようです。一度、希薄になりかけると、あとは一気です。考えること自体が楽しくなくなります。

そうなると、やがて大人になったときに、自ら課題をつくって仕事に取り組む自立的なビジネスパーソンへの道はかなり遠のくのではないかと思います。

自分なりの考え方ができる子にするには？

●ちょっと変わった言い方をしたら褒める

考える意欲が大切な「自分で考える力」に近い思考力として、「自分なりに考える力」というのもあります。

「自分なりに考えたことを書きなさい」

作文を書くときに、お母さんがよくこんな言い方をします。ただ、「自分なりに考える」というのは、小学校の低学年の子どもにはわかりづらいものです。

「じゃあ、好きに書いていいんだね」と、子どもが自分の書きたいように書き始めると、今度は「あなた、もう少し考えて書きなさいよ」などということばが、お母さんの口から出てしまいます。

自分なりに考える習慣は、ことばの力がまだ十分でない子にはていねいに説明してあげなければなりませんが、小さいころから少しずつ身につけさせたい思考習慣です。学力面や社会人としての将来を考えたときに、とても重要な「思考の型」となるものだからです。

受験では、中学から大学の入試まで、「〇〇〇について、自分の考えを述べなさい」といった記述問題がよく出ます。誰が書いてもひとつの正解しかない問題ではありません。物事のとらえ方に「自分の視点」をもっているか、「自分の考え」を的確に表現できるか、「自分の体験」と重ね合わせて考えることができるかなどが問われるのです。

社会人になってからは、自立的な仕事をしていくために、まず「自分なりにどう考えるか」が問われます。

この〝独自思考〟をどう育んでいけばいいのでしょうか。

幼児期や小学校の低学年の時期は、知識をどんどん吸収する時期ですから、「独自の考えをもつ」ことに、それほどこだわる必要はありません。ただ、その兆しには十分に注意を払って、大事に育んであげることが大切です。

たとえば、先ほどの作文でいえば、親は大人の目でつい評価したがります。しかし、その評価は子どもの勉強嫌いの契機になると同時に、「自分なりに考える力」をつぶしてしまいかねないのです。

子どもが大人や友だちの前で、面白がらせようとちょっと変わったことをいったときに、

「なに、バカいってんの！」

などということがあります。ふざけてはいても、子どもの心にあったのは、笑わせたいという〝善意〟です。けっして、相手を怒らせようとか悲しませようと思っていったわけではないのに、「バカ」といわれたら、やる気をなくしてしまいます。

人を傷つけたり、下品な言い方をしたのなら話は別ですが、ちょっと変わったものの言い方をしたと思ったときは、むしろ、

「へぇー、面白いことをいうじゃない」

と褒めことばで返してあげてください。自分なりに考えたこと、自分なりに感じたこと、それを口にすることに肯定感がもてます。そういう親の姿勢が、成長とともに子どもの個性を育み、独自の思考ができる大人へのステップになるのです。

良質な驚きと感動が「考える力」を育む

●思考はリクツよりも心の動きに刺激される

「なぜ？」という思いは、考える意欲の出発点として大切なもののひとつですが、思考のスイッチを入れるのは、「なぜ？」だけではありません。

感動が、思考のエンジンをぐんぐん回すこともあるのです。

たとえば、キャンプに行ったときに、夜、子どもが満天の星を見上げて「ひゃーっ」と声を上げて感動する。あまりの美しさにしばらく見とれて、

「ボク、宇宙飛行士になりたい！」

なんていったとします。このとき、子どもの頭のなかでは、いろいろな考えや思いがぐるぐる回っているに違いありません。でも、子どもの考えや思いを、仮に一つひとつ取り出して、「こうだから、こうで……」と考えた筋道をたどろうとしても、きっと論理的な話にはならないはずです。

ただ「ひゃーっ」となったから、「宇宙飛行士になりたい!」と考えたのです。

人が思考を促されるのは、必ずしも〝理詰めのスイッチ〟が働くときばかりではありません。リクツ抜きの感動が、考える契機になることもあるのです。むしろ、感動のほうが、思考のエンジンとしてはターボが効いているのではないかと思います。

たとえば、自分が何か新しい行動を起こそうとしたときに、その理由を「なぜ?」「なぜ?」と自問自答していくとします。

「小学校の先生になりたい」

(なぜ、小学校の先生なんだろう?)

「子どもたちの、もっと生き生きした顔を見たいから」

(なぜ、子どもたちを生き生きさせたいのかなぁ?)

「将来、幸せになってほしいから……」

(なぜ、子どもたちは幸せでなければならないの?)

という具合に、本質的なところを掘り下げていくと、だいたい、3~4回「なぜ?」を積み重ねれば哲学問答に近い世界になります。もう、リクツで考えようとしても、「これ以上、ムリ！」と思わずいいたくなってしまいます。

ここで、前向きな人は「えい、やるっきゃない！」となります。この決断は、リクツというより、自分自身を鼓舞する心の動きから発しているのではないかと思います。

そして、走りながら考えるのです。

この行動・思考パターンは、算数の文章題を前にしたときに、とにかく手を動かす、あの「手で考える子どもたち」の姿と似ています。意欲があるから、心が動いているから手が動くのです。

●考える種をまいてあげる

「ひゃーっ」という感動体験だけでなく、不思議な現象を見たときの「えっ！」という驚きも、心の大きな動きを誘発します。「なぜ?」「なんで?」と口には出しても、理由をリクツで考える以前に、情動の揺さぶりが起きているのです。

悔しい思いや、悲しい思いをしたときも同じです。その場では冷静さを失ったとしても、感情的に大きな揺れがあったときには、必ずそのあとで考えます。

ときには悩んだりもしますが、悩むこと自体が、考えていることです。

ですから、友だちと取っ組み合いのケンカをするのも、大いにけっこうだと思います。自分も痛い思いをしながら、手加減の仕方を学びます。許し合うことも知ります。そして何より、考える契機になるのです。

ケンカを奨励するのは少々乱暴かもしれませんが、自然のなかでの感動体験は思考を促す種がたくさんあります。幼児期のころは、たとえば、真っ赤な夕焼けを見て「わぁ、すごい！」と思っても、その感動をことばにできません。

そんなとき、子どもと手をつないだお母さんが、

「きれいな夕焼けね」

とひと言つぶやけば、子どもの頭のなかで「きれい」ということばと情景が結びつきます。新たな言語の獲得です。それは、考える種を、子どもの心にまいたことにもなるのです。

心を揺さぶる感動は、頭脳も刺激するのです。

4

想い浮かべる力

── 魅力的な大人にするために

具体的な物から人の心理まで守備範囲の広い力

●学力でも、人間的な成長のうえでも大切

「想い浮かべる力」は、「思う」ではなく、あえて「想う」という字を使っています。「想像」「イマジネーション」に近いニュアンスがあるからです。

「自分で考える力」は、さまざまな思考を一つひとつ積み上げていく感じですが、想い浮かべる力は直感的に具体的・抽象的なイメージを想起する力です。

では、何を想い浮かべるのでしょう。

実際に目に見えるものと、見えないもののふたつに分かれます。

【目に見えるもの】具体的な物の形や構造、情景など

いままでに実際に目にしたり、写真などで見たことのある、さまざまな物の形や構造、人の姿、自然の風景などです。考え事をしたり記憶をたどるなど、頭のなかだけで想い

浮かべることもあれば、文章を読むときなど、ことばと関連づけて想い浮かべるときもあります。

【目に見えないもの】抽象的な概念や人の心情など

友情や葛藤、思いやりなどの抽象的な概念や、喜怒哀楽などの人の感情や心理状態です。実際には姿形のないものですが、それがどのようなものなのかを想い浮かべられる力がないといけません。抽象的な概念や心理を、それを象徴する事物や人と結びつけてイメージする場合もあります。

特に、目に見えない抽象的な概念や人の心情を想い浮かべる力は、学力のうえでも、人間的な成長のうえでも、ひじょうに重要なものとなります。単語や文章表現から情景を想い浮かべたり、自分で考えたことをイメージするなど、「ことばの力」や「自分で考える力」とも密接に連動した力です。

あらゆる教科と結びつく「想い浮かべる力」

【算数】なぜ、図形問題が重視されるのか？

では、想い浮かべる力は、算数や国語といった教科では、どのように重視されるのでしょうか。ここで、改めて46〜47ページの俯瞰図を見てください。

まず、算数で、想い浮かべる力が密接につながっているのが、「図形センス」や「空間認識力」などの「見える力」です。図形センスや空間認識力は、前にも触れた補助線をパッと想い浮かべたり、立体図の見えない向こう側の断面を想い浮かべたりする力ですが、苦手とする子が多い分野です。

しかし、中学の入試問題では図形は定番。難関校レベルになると、大人でもなかなか歯が立たない難問が並びます。中学受験に限らず、小学校のお受験、高校・大学の入試、はては入社試験や国家公務員試験に至るまで、図形問題はよく出ます。

なぜ、ここまで想い浮かべる力が問われるのでしょう。

図形問題といっても、たんに図形センスや空間認識力だけでなく、〝思考の縛り〟を取り払って独創的な着眼点を見つける「発見力」や、筋道を立てて考えていく「論理性」、最後まであきらめない「意志力」といった「詰める力」も問われるからです。

発見力、論理性、意志力といった力は、高校、大学で高度な学習をするうえでも、さらに社会人となって課題解決をはかるうえでも必要になってくる力です。

また、図形問題以外でも、「場合の数」「確率」「整数」などの問題と向き合ったときに、答えを導き出す道筋をフローチャートのように想い浮かべる力が問われます。

【国語】抽象的概念が理解できるかどうかが勝負

国語では、想い浮かべる力は、「読解力」「表現力」「語彙力」「漢字力」、さらに算数とも共通する「要約力」「精読力」と、ほとんどの能力とかかわってきます。

文章に描写された風景や場面をイメージするだけでなく、物語文の主人公の心情や評論文の筆者の主張など、抽象的な概念もイメージできなければなりません。

「葛藤」や「和解」といった抽象的な概念は、まずその意味を理解していなければイメージを想い浮かべようにも想い浮かべることができません。と同時に、そのような抽象概念が社会生活や人間関係のなかで、どのようなときに生じることなのか、ドラマのように人がいるシーンを想像できる力も必要です。

教科書やテストの問題で読むのは、物語文などのように実際の生活シーンが想い浮かぶ文章ばかりではありません。評論文には「価値観」や「個性」といった、何をどう想い浮かべていいのか難しい概念も登場します。

低学年レベルでは抽象的なことばは教科書にもあまり出てきませんが、それでも、作品全体で表現されているテーマなどには、「友情」などの抽象的な概念があります。

また、高学年になってくれば、状況描写が人間の心理と重ね合わさるような表現にも出合います。たとえば、

「空一面に広がる朝焼けを見て、突然涙があふれてきた」

こんな文章を読んで、「朝焼け」の風景と「涙」がまったく結びつかない子もいます。

中学受験の入試問題には、「初恋の淡い思い」が問題文に登場することさえあります。精神年齢の高い女の子ならまだしも、オクテの男の子だとまったく太刀打ちできません。

こういった国語分野の想い浮かべる力の育み方については、のちほど詳しく触れますが、いずれにしろ、実際の体験や読書などを通じて親が伝えていくしかありません。

この他、理科や社会でも当然、想い浮かべる力が必要になってきます。学校での実験や日常生活、家族で出かけたときの実体験、さらには図鑑や地図帳で見た写真など、記憶に残ったイメージが、授業やテストなどのとき頭に想い浮かべられるかどうか、その想起力が問われるのです。

想い浮かべたイメージはことばと結びついて、思考を促すことになります。端的にいえば、「人はイメージで考える動物」でもあるのです。

記憶に残るイメージが人を成長させる

●忘れられない、母と父の記憶

想い浮かべるといえば、心のなかに原風景として残っている幼いころのイメージというのがあります。漢字や公式などの記憶と違って、実際の風景、人の姿などがイメージとして残っている記憶です。

たとえば私の場合、母の記憶では、小学校5年生のころに抱きしめられた場面が心に深く刻まれています。

私は頭が大きくて、当時「でこっぱち」といわれて、クラスメートからよくからかわれていました。毎日が憂鬱で、自宅の近くを流れる球磨《くま》川の流れを見ながら、「自殺」などということばを想い浮かべていたこともあるほどです。

そんなしょんぼりしている私の姿を見た近所の人が、母親にいったのかもしれません。母はある日、私を呼んでいきなりギュッと抱きしめたのです。

「お母さんはね、あんたが元気ならよかと」

そのことばと一緒に、私の心に焼きついている場面です。

一方、医者だった父にはこんな記憶があります。これも小学校のころです。

父はとても麻雀が好きで、病院の医者仲間や事務の人たちと雀卓《じゃんたく》を囲んでいました。

なぜか、私はよくその麻雀をしている場に遊びに行っていたのです。

「いやぁん、せんせー」

その艶っぽい声をあげたのは、女性の看護師の方です。麻雀を一緒にしていた父の同僚が、席を立った拍子に、通りかかった看護師のお姉さんに抱きついたのです。といっても、軽いハグといった感じで、抱きついた先生もお姉さんも「あははは っ」と笑い合っています……。

父がどんな表情だったかは記憶がないのですが、父といえば想い浮かぶのが、なぜかその場面です。へんな原風景ですが、大人の世界を垣間見た気持ちだったのでしょう。

母の記憶は、ひと言でいえば「母親の絶対愛」とでもいえばいいのでしょうか。一方、父のほうは「大人の世界」ということになるのかもしれません。もちろん当時の私にそんなボキャブラリーはありません。何といっていいのかわからないけれど、何かを感じた。心を揺さぶるものがあったんですね。だから、いまもこうして記憶に残っているわけです。

そんな忘れられない原風景のなかで手にしたのは、おそらく、成長過程で獲得する価値観だったのかもしれません。母の愛、大人の世界。いずれも抽象的です。抽象的だけれど、まちがいなく線で囲ったひとつの領域がそこにあります。

抽象的な概念の獲得というのは、そんなものではないかと思うのです。

ということは、抽象的なことばの意味も表現の仕方もわからないうちから、人は、ある場面に立ち合ったときに、心の揺さぶりを受けることがあるのです。心の揺さぶりを受けたときに、そのときのイメージも一緒に記憶に残る。

いったい、あれは何だったんだと。

長じて語彙もいろいろ吸収して、その場面にタイトルをつけるとすれば、「絶対愛」とか「大人の世界」といった表現もできるようになる。つまり、先行して沈着していたイメージが、のちに知恵と結びつくわけです。そこに、ひとつの成長があります。「人はイメージで考える」といいましたが、別な言い方をすると、「イメージが人を育てる」という側面もあるのではないかと思います。

●想起したイメージに思考を重ね合わせる

これは私の原風景ではありませんが、たぶんこの子にとっては、まちがいなく原風景になったのではないかというシーンがあります。

かつての塾生、A君の話です。

サマースクールに行ったときのことですが、当時小学4年生の子どもたちが、ヘビと大きなヒキガエルが用水池で壮絶に格闘する場面に出くわしたことがありました。子どもたちに呼ばれて見に行ったのですが、現場に着いたときには、ヒキガエルはおなかから血を流して、力なく水辺の草に身を寄せていました。

その後、みんな宿に引き上げてきたのですが、気がつくとA君だけがいない。点呼するときにいつも遅れる常習犯だったので、戻ってきたらまたカミナリを落とそうかと思っていたら、A君がひょっこり帰ってきた。放心したような顔です。彼は戻ってくる途中でひとり引き返して、あの半死のヒキガエルを水辺から引き上げて助けてきたというのです。

そのとき、彼の心に焼きついたカエルの姿。これは、まちがいなく彼にとって、ある価値観を植えつけたイメージに違いありません。

想い浮かべる力とは、たんにイメージを想起する力ではなく、想起したイメージに、何かしら自分の思いや思考を重ね合わせる力です。それができるのは、子どもが成長してからずっとあとの話ですが、しかしイメージは確実に残り続けるのです。

さまざまなイメージを心に残す生の体験は、心の揺さぶりとともに、成長に結びつくさまざまな価値観を子どもに与えます。

ですから、子どもには、いろいろな体験をさせてあげてください。

そのときの感動を、子どもがあとで何と表現するかは、それは子どもに任せていいのではないかと思います。

社会人としてメシが食っていけるイメージ力とは？

●多様な判断材料でイメージする

小学校高学年くらいになると、場の雰囲気といったものに感度が働くようになります。たとえば、ある日、家に帰ったら、近くに住むおばさんが訪ねてきている。しかし、お母さんとしゃべっている雰囲気がいつもと違う。ふたりとも深刻そうな顔です。

そのとき、お母さんが、

「○○ちゃん、お買い物に行ってきてくれる？」

と子どもにいいます。こんなとき、勘のいい子になると、お母さんのひと言で、「あ、自分はここにいるとまずいんだな」と察します。

このとき、子どもが想い浮かべるのは、先日おばさんが来たときに口にしていたおじさんのグチだったり、友だちとの会話のなかに出てきていた「離婚」という二文字かもしれません。ただ、場のイメージとして焼きつくのはふたりの深刻な顔つきです。それによって、子どもが触れてはいけない大人の世界をぼんやりと想い浮かべるわけです。

場の空気を読めるかどうか。

これは大人社会でも、一種のイメージ力として重視されます。ことに、初めて足を運ぶ営業先とか、取引先の重役陣を前にしてのプレゼンテーションの席であるとか、相手のことをよく知らない段階での対人場面では高感度のアンテナを張っておかないといけません。

目の前にいる人の腹の内を探り、心理を想い浮かべながら、セールストークをしたりプレゼントークをするわけですが、判断材料となるのは、相手の表情であったり、しぐさであったりします。

先ほどの、子どもが見たお母さんやおばさんの表情と同じですね。

目の前にいる相手の表情やしぐさを見て判断する。これは、ふつうの大人であれば、割と直感的にできることです。しかし、「メシが食える社会人」としては、もうひとつ上のイメージ力が問われることがよくあります。

目に見えない相手のイメージが見えるかどうかです。

典型的なのが、マーケティングです。アンケート調査などいろいろやって数字で動向をとらえることはできても、顔が見えるわけではありません。しかし、その顔の見えない相手を想い浮かべながら、商品の販売戦略などを考えなければなりません。

メールの文面から想い浮かべなくてはならないときもあります。面識のある相手からのメールであっても、記述内容によって、その文面から相手のホンネを読み取らなくてはならないケースがあります。

もっといえば、先ほど述べた営業やプレゼンなどでは、実はその場に行く前に、会社の情報や関係者から聞いた話などをもとに、相手の基本スタンスや社内事情などを事前にイメージとしてもっておく必要があります。それがあるかどうかで、セールストークやプレゼンのシナリオも違ってきます。

つまり、想い浮かべるイメージの判断材料は「現場」だけではない、むしろ事前に集める情報の多さが、仕事の成否を大きく左右するともいえるでしょう。

前章で「他者性」について触れましたが、この相手の立場に立って考えるという視点は社会人になるとますます問われるようになります。しかも、その他者性をもつときに、多様な観点と判断材料をもつことが、メシが食える仕事人には求められるのです。

●全体のなかで自分をとらえる

加えて、ビジネスパーソンのイメージ力として必須なのは、全体を俯瞰する目です。これまでの仕事の流れのなかで、現在携わっている業務がどういう位置づけになっているのか。組織やチームのなかで、自分がどういう役割を果たせばいいのか。社内のさまざまな人間関係のなかで、自分はどういう立ち位置でいればいいのか。

そんな「全体のなかの自分」というものをしっかりイメージしておかないと、惰性で仕事をしてしまったり、「やらされ感」を背負いながら仕事をすることになります。

全体のなかの自分をイメージする。これは、心理学的にいえば、自分をもうひとりの自分の視点で高みから見る「メタ認知」です。このメタ認知で自分をつねにイメージできるようになると、確固たる自分というものを確立できるようになります。

小学生の子どもに、「もうひとりの自分の目」をもたせるなどできっこない、と思うでしょうか。実はその端緒は、小さいころの想い浮かべる力に表れるのです。

「自分」を見つめる深い思考力を育む

●相手との関係性で自分を考える

周りが自分をどう見ているのか。相手が自分のことをどう考えているのか。こんなことをしたら、どう思われるか……。

子どもも精神的に成長してくると、少しずつ周りの目を気にするようになります。実は、この他者を意識する心理こそ、前述のメタ認知の第一歩といっていいのです。

他者を意識するというのは、相手との関係性を前提に「自分」を考え始めることです。つまり、自我の芽生えです。

私の体験でいえば、「でこっぱち」といじめられ、母に抱きしめられたあのころがそうだったかもしれません。

自我が芽生えると、子どもとはいえ〝哲学〟をするようになります。もちろん、学問というレベルの哲学ではありません。しかし、哲学とは「自分って何だろう」と思いを巡らせることです。そういう意味では、やはり哲学なのです。

私は、子どもにも哲学は必要だと思っています。必要というより、子どもは子どもなりに哲学するのです。

勉強しながら、なぜ勉強しなきゃいけないんだろうと。いじめられながら、どうして自分がいじめられるのかと。そして、異性を意識し始めて、なぜ男と女は違うんだろうと。このような思いはすべて、自分とは何かというところに行き着きます。

しかし残念ながら、こんなログセをもつ子もいます。

「そんなの意味ねぇ〜じゃん」

「だって、親がやれっていうから」

物知りで、世間知に長けた子がよくこんなことばを口にします。知識だけはあるのです。しかし、私からいわせれば、哲学していない子ということになります。他者は意識できていても、「自分の存在」を想い浮かべるところまで行き着いていないのです。

だから、熱くなれない。そういう子は、将来こうなっていたいという自分のイメージもありません。ただ、親が敷いているレールの上を走っているだけなのです。たぶん、

「ひゃーっ」と叫ぶような感動体験も少なかったのではないかと思います。

●たまには子どもの〝哲学〟につき合う

私は、母校の熊本高校を卒業した大学生を集めて、先輩社会人に社会の厳しさや職業の魅力を伝えていただく会を11年ほど前に学生たちと立ち上げたのですが、現在、その会の代表を務めているM君という東大生がいます。

彼はアルバイトをしながら通学しているのですが、バリバリ仕事をこなし、アルバイト先からの信頼も厚いようです。その彼が、ポツリともらしたのです。

「ボク、教育でも野望をもっているんです」

「野望」という強いことばの響きに何事かと聞いてみると、彼は「金持ちの子どもしか、良い教育を受けられないような、いまの世の中はおかしい」というのです。そして、〝野望〟はすでに動き出していました。

彼は、全国の恵まれない立場にいながら、やる気のある大学受験生を相手にテレビ電話システムの「スカイプ」を使って、無料の学習指導をしていたのです。

それからしばらくして、彼から「全員、第1志望校に合格しました！」というメールが届きました。メールの文面はまさに踊るようでした。

彼を〝野望〟に走らせたのは、恵まれない家庭でもんもんとしている大学受験生の姿だったのかもしれません。彼にはその他者を深く想い浮かべる力があった。そして、自分は何ができるのかと考えた。それも、私にいわせれば、想い浮かべる力です。

そして、まちがいなく彼は〝哲学者〟だと思います。すべてのことを疑ってかかるのも哲学の姿勢だからです。

彼は、社会に出て組織に勤めたとしても、つねに問題意識をもち、自分から仕事をつくっていける「メシが食える男」になるのだろうなと思います。

こんな子に育ったら、親としては本望ですね。

そのためには、たまには子どもの〝哲学〟につき合ってあげてください。

「なんで、勉強しなきゃいけないの？」

もしこういわれたら、あなたは何と答えますか？　そして、どれだけ会話が続きますか？

異年齢の子どもたちのなかで、思いやる心が育まれる

●子どもは力になりたがる

子どもが小さいうちに他者性を意識させるとしたら、いちばん良いのは異なる年齢の子どもたちがいる場にいさせることです。

昔なら、近所にはガキ大将の子どもがいて、その子のもとにさまざまな年齢の子が集まって遊び回っていました。いつも偉そうに指図しているガキ大将が、小さな子同士がケンカをすると仲裁に入ったり、やんちゃをして近所のおじさんに叱られると、ひとり矢面に立ったりする。小さい子はそういうガキ大将の姿を見ながら、一種の社会性を身につけていったわけです。

自分が長じて年上になって、小さな子に遊びのルールを説明するときに、噛《か》んで含めるように易しいことば遣いをする。それは、相手の立場に立った「他者性の意識」にほかなりません。

ただ、都会では、そういう子どもたちの群れが少なくなりました。そこで、おすすめしたいのが、宿泊の伴うサマースクールやキャンプなどに子どもを預けることです。2〜3日でいいので、親から離れて異年齢の子どもたちと過ごす機会をつくるのです。

「花まる学習会」のサマースクールの現場を見ていて不思議だと思うのは、家ではわがまま放題だった子が、親のいない集団生活のなかに入ると、自然と他の子を思いやる姿を見せることです。

「人間は社会的動物である」といったのは、古代ギリシャの哲学者・アリストテレスですが、10歳にも満たない子どもたちがすでに、その「社会的動物」であることを実証しているようにも思えます。

年下の子の面倒を見ていた子に、引率の塾講師が「えらいねぇ」などと声をかけると、照れくさそうにも誇らしげな笑顔を見せます。顔じゅう、自己肯定感に満ちあふれています。

そうすると、また張り切って年下の子の世話をする。そして、また褒められる。この自己肯定感の強化が何より子どもを成長させるのです。

●お手伝いで「思いやり体験」

他者を思いやる経験は、サマーキャンプなど特別なイベントでなくてもできます。いちばんいいのは、お手伝いです。子どもにとって、もっとも身近にいる他者は、お母さんなのです。

まだ低年齢のうちは、お手伝いといっても、そんなにパーフェクトにできるわけではありません。でも、子どもの前では「任せたよ」と、全幅の信頼を置くことが大切です。ちゃんとできなかったところは、お母さんがあとでフォローしておけばいいだけの話です。

お手伝いが終わったら、「ありがとう!」「助かったぁ」と目いっぱい褒めてあげてください。子どもはお母さんが喜んでくれることが、何よりもうれしいのです。

そして、一度頼んだお手伝いは、最後までやらせることが肝心です。ちゃんとできないことにイラついて、「もういい! 私がやるから」というパターンだけは避けてください。子どもの心を傷つけ、母親の思い出としても、最悪のイメージを刻みつけてしまいます。子どもの心に残すべきは、母親の笑顔、喜んでいる姿なのです。

相手の立場をイメージするトレーニング

●論理性や要約力も問われる

この章の最後に、他者性を意識しながら、空間認識力のトレーニングにもなる親子遊びをひとつ紹介しておきましょう。

子どもに、目的地までの道順を説明させる「道順遊び」です。

「初めてその場所に行く人のために説明してあげる」というのがルールです。

最初は、通い慣れている学校や塾までの道のりから始めるのがいいでしょう。お母さんも当然道順は知っていますが、初めて聞くつもりにならないといけません。子どものいうとおりに行ったら迷わないか、注意しながら聞くのです。

日にちを変えて、今度は学校から自宅に帰ってくる道順も聞いてみましょう。自宅にいて学校に行く道を説明するときは、自分のいる場所が起点になるので割とイメージしやすいのですが、逆の場合は、自分の視点をいったん学校のほうにもっていって想い浮かべなければいけないので、意外と難しいのです。

学校や塾で試したあとは、近所のスーパーや最寄りの駅、友だちの家などでも試してみましょう。ワンステップアップして、「途中○○に寄ることにします」とか、「途中の○○で迷っている人に説明してください」などと条件をつけたり、設定を変えてみてもいいですね。

うちの塾でも、ときどき子どもたちに試すことがあるのですが、子どもによってけっこう差が出ます。

「家にいる人に、塾まで来る道順を説明してください」といっているのに、

「バス通りをしばらく歩いて来ると……」

と早くも、自分がいる塾を基準に「来る」と説明してしまう生徒もいます。

多いのは、余計な情報が次から次に増えてしまうパターンです。

「バス通りを歩いていくと、右側に自転車屋さんがあって、もっと歩くと、駐車場があって、向かい側にそば屋さんがあって、その次の信号を右に曲がります……」

という具合です。これは、「ふたつめの信号を右へ曲がる」とか、曲がる交差点を的

確にいえればいいわけです。

次に多いのは、説明する相手の立場になっていないパターン。

「バス停で降りて歩いていくと……」

などと、降りてどちらの方向へ歩いていけばいいのかわからない説明になります。

大人でもうまく説明できない人がけっこういます。

ひとつは、空間のイメージをちゃんと想い浮かべることができていないのが原因です。

ふたつめには、先ほどの子どもの説明のように、相手の立場に立てない。わかっている〝自分視点〟になってしまうのです。他者性の欠如ですね。

他にも、情報を過不足なく伝えられるかどうかという論理性や要約力、表現力も問われるのが、この道順遊びです。

一度、ぜひ試してみてください。

5

試そうとする力

——人生を切り開いていく底力

試そうとする力は人間の知性の出発点

●自分で考える力を誘発する

前章で解説した「想い浮かべる力」と密接に連動して育まれるのが「試そうとする力」です。たとえば、「こんなことできたらいいな」と、あるイメージを想い浮かべたときに、「じゃあ、ちょっとやってみようか」と思う。そのときすでに、試そうとする力が働いているわけです。

また、試そうとするときに、どうしたらいいものかといろいろ考えます。そういう意味では、第3章で解説した「自分で考える力」を誘発するのが、試そうとする力です（50ページの図参照）。

こんなふうにいっている脳科学者もいます。

「脳についていろいろなことがいわれているが、確かなことはただひとつ。やる気になってやったことは必ず伸びる」

まさにそのとおりだと思います。「やる気」とは、試そうとする力にほかなりません。自分で考える力は「考えようとする意欲」が大切だと述べましたが、試そうとする力は、その考えようとする意欲よりもっと根源的な、人間の知性の根底にある情動という感じがします。

スタンリー・キューブリック監督の『2001年宇宙の旅』で、映画史上に残る有名なシーンがあります。

猿人が手に持った動物の骨を打ち砕き、歓喜の象徴のようにその骨がはじき飛ばされて空に舞い上がる。一転して、場面は数百万年後の宇宙船のシーンに切り替わります。人類の祖先が、試しているうちに初めて「道具」を手にした瞬間でした。

ヒトが本能的に何かを試したがるというのは、赤ちゃんを見ていてもわかります。積み木を手にしてじーっと見詰めていたかと思うと、口にもっていったり。少し大きくなると、積み木を一つひとつ積み上げては、高くなると自分でガチャーンと崩したり。

試すことを繰り返すことで、ヒトは、知恵ある人間として変貌してきたのではないかと思います。

●社会人としてのチャレンジ精神につながる力

小さいころから、いたずらっ子だったり、人を笑わせたがる子は、試そうとする力を自然に磨いているのではないかと思います。「えい、やっちゃえ！」という勢いのある子も素質ありですね。

赤ちゃんを見ていてわかるように、子どもはもともと〝試したがり気質〟をもっています。遊びながら、いろいろ工夫したりもします。

私にも覚えがありますが、小さいころ、「おい、野球をしよう」と友だちに声をかけてもそれほど人数が集まらないときは、「じゃあ、今日は三角ベースで」という話になる。限られたなかで、それなりに楽しもうとするわけです。

この、子どもが本来もっている試そうとする力が、成長するにつれて衰えてしまうことがあります。「こうじゃなきゃいけない」という大人の価値観が〝試したがり気質〟を抑え込んでしまうのです。親は要注意です。試そうとする力は、メシが食える社会人としては必須のチャレンジ精神にもつながる大事な力なのです。

勉強するときの「心の構え」となる

●身につかないと、あとで苦労する

試そうとする力が学力面でもっとも密接につながっているのが、算数・数学で求められる「試行錯誤力」です（46ページ参照）。

ことに文章題などでは、解いていく糸口を見つけるために図表を描くなど試行錯誤のプロセスが、そのあとの式を立てる段階以上に重要なものとなります。

最近は、中学入試でも、あれこれいろいろ試して初めて解き方の視点が見えてくるような問題が多くなっています。そこには当然、意志力も求められます。

特にトップ校の入試ほど、この傾向が強くなります。入試問題は学校側の思いが反映されたものです。つまり、いろいろ試すことが苦にならず、最後までやり遂げる力のある子に入学してほしいというメッセージでもあるわけです。

そのような問題に真っ向から挑もうとする子は、とにかく手を動かしながら考えます。

しかし、その意欲が乏しい子はなかなか手が動きません。

かつて塾生のなかに、他の教科はそうでもないのに、算数の文章題を前にすると固まってしまう子がいました。「ここが大事なポイントだよ」と解説してあげれば、ちゃんと理解できて目も輝かせるのですが、同じような問題を次にやらせてみると、また固まってしまう。

そこで、「図を描いてみることが大事なんだよ」とアドバイスすると、「あ、そうか」と、思い出したように手を動かすのですが、しばらくするとまた〝固まる症状〟が表れます。

つまり、試そうとする力は、学習態度としては心の構えのようなもので、根づいていないと本人が大変苦労するのです。

●正解かどうかばかり気にする子どもたち

試そうとする力が根づいているかどうかは、学習ドリルの問題に取り組んだときに、ふと表れることがあります。

たとえば、こんなことをいう子がいます。

「これ、習ってないよ！」

堂々とした口調です。「習ってないのに何事だ」といわんばかりです。

こういう子の多くは、習っていないから、できないのではありません。習っていないものは、やりたくないのです。もっといえば、もしやってみたときに、答えをまちがうことが怖いのです。なぜか？

試してみようとするより、正解かどうかがすべて。そんな価値観のなかで育ってきたからです。背景には、学校教育の問題もあるような気がします。

ある公立小学校で、花まる学習会でふだんやっている「ミニ漢検」を導入して授業をしたときのことです。その「ミニ漢検」の問題にあった、漢字の一文字にクレームをつけてきた先生がいたのです。

「この字は確かに前の学年で習っていますが、この読みはまだ教えていません。問題ミスとして処理してくれませんか」

公立学校の現場がすべてこうだというつもりはありませんが、やはり、学校現場にはまだまだ杓子《しゃくし》定規な発想が残っています。われわれは、ひとつの漢字を覚えるなら、読みも、ついでにその漢字の入った熟語も自分でどんどん調べなさいと指導します。学習の深化とは、そういうものだと思っています。

ところが、学習の深化より、「教えていないことはテストに出さない」という原則論が幅を利かせてしまう。その発想が、これみよがしに「習ってないよ！」という子をつくっているのではないでしょうか。

もちろん、試そうとする力を〝心の構え〟とするなら、学校の先生以上に、子どもと密接にかかわる親の姿勢が大きく影響することはいうまでもありません。

いわれたことだけをちゃんとやっていればいい、という意識を植えつけてしまうと、本来もっているはずの試そうとする力をしぼませてしまいます。そうならないためには、とにかくやってみようという心の柔軟さを育むことが大切です。

メシが食っていける大人としてたくましく生きていくためには、失敗さえ楽しめるような心の太さも必要です。試行錯誤には、まさに「錯誤」もあっていいのです。

試そうとする力は、心の構えであると同時に、自分の人生や生き方に対する構え（スタンス）ともいえます。

社会人として「仕事をつくる」ために欠かせない

●心の構えが問われる

「試そうとする力」は、社会人になったときに、どのような能力として発揮されていくのでしょうか。

すぐに思いつくのは、新しい仕事にも意欲的に取り組むチャレンジ精神です。ビジネスですから、成果も重視されます。自ら目標を掲げ、その目標に向かって果敢にチャレンジし、成果もきちんと残せるのが、メシが食えるプロの仕事人です。

しかし、ときには、思いどおりに事態が進展しなかったり、失敗することもあります。そのとき問われるのが、先ほども述べた〝心の構え〟です。

20代はまさに試行錯誤の時代です。たとえ失敗しても、気持ちが前に向いてさえいれば、いくらでもやり直しが利きます。

私もこんなふうに偉そうなことをいっていますが、前述したように「三浪四留」です。

大学に入るまでに3年浪人をして、大学でも4回留年をしているのです。

父が医者だったこともあって、一応医学部を目指しましたが、結局その道は選びませんでした。大学卒業は29歳。さらに大学院にも進みましたが、学究の道に進もうという固い決意があったわけでもありません。

私の20代は、大学に籍を置きながらも、アルバイトに明け暮れ、落語や映画にのめり込み、役者になろうと俳優学校に通ったこともありました。一時は、自分が精神的にどうかしているんじゃないかと思うほど、哲学にのめり込んだこともあります。

結局、大学院を修了したのは31歳のときです。花まる学習会を立ち上げたのは、その2年後、33歳のときです。

つまり、私の20代には職業人としての試行錯誤はなく、学生として漂流していたようなものです。自分の可能性を探りながら、自分を試しているようなところがありました。だから、けっして偉そうなことをいえたものではないのですが、ひとつだけ、これだけは自信をもっていえます。

「20代の漂流が、大人としての心の構えをつくった」ということです。

●試そうとする習慣がないと自己チューに

私の生き方が、一般企業に勤める20代の人に当てはまるわけではありませんが、どっしりとした心の構えをもった「メシが食える社会人」として生きようとするなら、やはり貪欲なチャレンジ精神は必須ではないかと思います。

新しいプロジェクトを自分で仕掛けるような、大きな仕事をつくるのはまだ先だとしても、日々のルーティンワークのなかにも自分なりのチャレンジテーマが設定できるはずです。たとえば、「前回は2時間かけてやった仕事を、今回は1時間半でやろう」というふうに、小さな「試してやろう」でいいわけです。

その小さなチャレンジの積み重ねを持続させたときに、自分の仕事の進め方に思いもしなかった改善点が見えてきたりもする。図形問題に手を動かしながら考えていたときに、補助線がパッと頭に浮かぶようなものです。

そうなると、仕事も面白くなります。この達成感の積み重ねが、社会人としての成長のバネになる。しかも、与えられたバネではなく、自分で見つけたバネです。

この成長・飛躍のバネを見つける前に、「この仕事、自分に合わない」と決めつけてしまう若い人がけっこう多いのです。自分を仕事に合わせようとするより、「仕事が自分に合ってくれなきゃ嫌」とまず考えます。つねに、発想の起点が自分軸なのです。

仮に、そんな若者の人生を十数年さかのぼることができるとしたら、私にはこんな風景が想い浮かびます。

ある塾の教室。先生と生徒の会話です。

先生「じゃあ、今日は立体問題をやってみようか」

生徒「う〜ん、あたし、立体問題、嫌いだからつまんない」

先生「…………」

こういう子は、長文読解も苦手だったりします。物語文では主人公の心情が読み取れなかったり、評論文では筆者の主張が十分に理解できないのです。

自分中心に世界が回っていると勘違いしているところがあるからです。

そういう子にしないために、そして十数年後、簡単に「仕事が合わない」といってしまう大人にしないために、試そうとする力を育んであげるのが、親としての大切な役割です。

結果よりプロセスを楽しむ意識をもたせる

●楽しけりゃいいじゃん

では、小さいころから、試そうとする力を育んでいくには、親としてどんな点を心がけていけばいいのでしょうか。

前述のように、子どもはもともと〝試したがり気質〟をもっています。何でもやりたがる幼児期の遊びの世界はその典型です。よほどの危険がない限り、まず伸び伸びと遊ばせてあげることが第一です。

小学校に上がってからも、外遊び、自然体験など、屋外で目いっぱい身体を使って熱中する体験をやらせてください。特に、自然のなかの野外体験には「試してみたい」ことがたくさん出てきます。

遊び以外にも、子どもがやりたいといった習い事は、条件が整うならできるだけやらせてあげたほうがいいと思います。ただ、お母さん方にひとつお願いがあります。

上達したかどうかという「結果」にあまりこだわらないでほしいということです。子どもが楽しんでやれているかどうかに目を向けてください。

水泳で何級になったとか、子どもも「結果」が出れば、それなりに喜びます。なかなか上達しなければ、腐ってしまうこともあります。チームスポーツでは、レギュラーになれるかどうかといった「結果」も出てきます。

しかし、思ったような結果にならなくても、子どもには「楽しいことがいちばん大事なんだから」と本気でいってほしいのです。

いろいろやってみることは楽しい。楽しいから、やってみる価値があるんだ。子どもが、そんな意識をもてるようになるのが理想です。

つまり、結果よりプロセスです。プロセスを楽しむことが何より大切なのです。

大人になると、試そうとする対象は、遊びや習い事のように自分の好きなことばかりではありません。それでもなお、「やったろか!」とチャレンジ精神を発揮するには、「挑戦するプロセスが面白い」と思える精神が欠かせないのです。

●期待に応えるピグマリオン効果

親がどうしても気にしてしまう「結果」といえば、やはり勉強の成績です。

思わしくないわが子の成績に、つい余計なひと言が口をついて出てしまいます。

「もっと、ちゃんとやんなきゃダメでしょ！」

「どうして、こんな問題ができないの！」

「何度、同じまちがいを繰り返すの！」

こういうＮＧワードは、子どもをただ萎縮させてしまうだけです。

特に低学年のうちは、とにかく自己肯定感をもたせることが大切です。少しでもいいところがあれば、そこを褒める。今回はダメでも、「この次、頑張ろうね」と期待をかけてあげるのです。

教育心理学の法則で「ピグマリオン効果」というのがあります。「人は期待されると、期待どおりの結果になる傾向がある」というものです。これは、実は小学生を対象にした実験で得られた法則です。

心理学者が小学校の教師に、「子どもたちを検査したら、この子たちの成績が伸びることが予想される」と、成績向上が期待できる生徒のリストを渡したのです。しかし、心理学者のいった検査は〝やらせ〟で、リストには何の根拠もありません。

それを知らずに担任教師は、リストに挙がっていた生徒たちに、期待をかけるような接し方をするようになりました。すると、期待された生徒たちは、実際に成績が上がっていったのです。

家庭なら、期待をかけるのは親しかいません。子どもは当然、学校の先生より、親の期待のほうがずっと励ましになるはずです。

その期待に支えられた自己肯定感が、子どもの「やってみよう精神」を奮い立たせるのです。勉強に限らず、いろいろなことへの挑戦意欲もわいてくるに違いありません。子どもの試そうとする力が、将来の「メシが食える大人」のチャレンジ精神につながる道筋となるはずです。

子どもの試そうとする力は、母親の心の安定から

●笑顔の効力は社会人になるまで続く

お母さんが子どもについ余計なひと言をいってしまうのは、精神的にかなりいっぱいいっぱいの状態になっているからです。

無理もありません。子育てについては自分なりに一生懸命やっている。でも、子どもは自分の気持ちをわかってくれず、夫に話を聞いてもらいたくても、会社からの帰りはいつも深夜。ひとりストレスをため込んでしまう状況に追い込まれているのです。

そこで、つい……、

「いったい、何度、同じことといわせるの！」

となってしまうのです。

これには、やはりお父さんの責任も重大です。忙しいのはわかりますが、家庭での「聞く力」をもう一度、取り戻さないといけません。できれば、前に触れたように、「聞く」

より「聴く」態度が理想です。

「やっぱり、ヒロミ・ゴウってスターだよねぇ」

私も、妻のそんなつぶやきに、一生懸命、耳を傾けています。

「そうだよなぁ……」

オウム返しでいいんだと思います。そんなとき「お茶、まだ?」というのがいちばんよくないのです。

ある有名な学者の方が講演会で紹介していたのですが、東大生に子ども時代を尋ねたアンケート調査で、全員が「イエス」と答えていた質問がふたつあったそうです。

ひとつは、「小さいころに、親に『勉強しなさい』といわれたことがない」。

うん、なるほど。

そしてもうひとつ、「母親がいつもニコニコしていた」。

再び、私はうなずきました。これだ、と思いました。私も東大OBのひとりですが、なにしろ三浪四留です。一般の東大OB・OGの属性とはかなり離れていそうですが、「母親の笑顔」は私にも得心がいきます。

母親がいつも笑顔でいられるということは、心が安定しているからです。安定していれば、余裕も生まれます。余計なひと言もいわなくてすみます。

母親の心の安定感は、子どもの安心感を生みます。それは、母親がいつもにこやかに見守ってくれているという安心感です。何をやっても、そこに戻れば安心できるという、心のよりどころです。

「母校」や「母港」とはよくいったもので、けっして「父校」や「父港」ではありません。懐深く抱く母なるものがあるからこそ、学舎や港の外に出ていっても、安心してひと暴れしてこられるのです。自分なりのチャレンジができるというわけです。

母親のにこやかな顔の効力がいったいどこまで続くか。先の東大生へのアンケートでは、大学生まではまちがいなく持続していたということです。

そしておそらく、社会人になってもなお、「メシが食える力」として〝効力〟は続いていくのだと思います。

小さなことでも、できたときはとにかく褒める

●自己肯定感をもつことの大切さ

「結果よりプロセスを楽しめる子にしてほしい」と前述しましたが、考えてみれば、そのプロセスのなかにも、たくさんの〝小さな結果〟があります。

たとえば、「漢字検定4級、合格」という結果を得たときに、そのために、対策ドリルを毎日5ページずつ1カ月やったとします。その「毎日の5ページ」は、合格までのプロセスで体験した小さな結果です。

一方、漢字検定4級に合格することは何のためかと考えたときに、「漢字の力をつけるため」というもっと大きな目標がその先に設定できそうです。それを、将来得る結果と考えるなら、漢字検定4級合格は小さな結果ということになります。

さらに、漢字力をつけるという目標の上には、国語力をつける、さらにその上には中学受験の合格と、得られる結果の想定はどんどん先々までできそうです。その結果を得

られた時点から振り返れば、かつて得たいと願っていた結果は、プロセスのなかで生じた小さな結果でしかないということになります。

何がいいたかったのかというと、追い求める結果は、振り返ってみれば〝小さな結果〟でしかない、どこを到達点にするかによって、結果の重みはどんどん変わる。つまり、あくまで相対的なものでしかないということです。

だから、プロセスが大事なのです。結果に重きを置きすぎてはいけない、という理由もそこにあります。

親が、「結果」にとらわれない姿勢をもつと、子どもの心にも自由度が広がります。もともと〝試したがる動物〟なのですから、いろいろなことをしたがります。そのノリを大事にしてほしいのです。

サマースクールのときに、子どものひとりが「〇〇〇をやろ！」と声をかけると、「わー、やろう、やろう！」と他の子どもたちが集まってきます。でも、たまにそんなノリについていけない子もいます。

ひとりが好きだ、なんて思っているわけではありません。尻込みする理由は、おそらく、それまで自分を受け入れてもらえた経験が少ないからです。目の前で、いろいろな子どもたちが寄り集まる姿を見てなお、自分が受け入れられるかどうか心配しているのです。

そういう子も、誰かに「一緒にやろう」といわれると、最初はおそるおそる加わります。そして、ものの数分もしないうちに、満面の笑顔になります。自己肯定感が得られた瞬間です。

「なんだ、試してみたら、面白いじゃない」

顔がそんなふうにいっているようにも見えます。

小さな出来事ですが、その小さな出来事のなかに、子どもが大きな自己肯定感を得るチャンスがあるのです。

最大のサポーターは、お母さんやお父さんです。

毎日の小さな出来事があります。元気のいいあいさつができたか、お手伝いができたか、食事の好き嫌いがなくなったか、身の回りの片づけができたか……。そんな一つひとつの〝小さな課題〟をこなしたときの褒めことばが、子どもの自己肯定感につながるのです。

笑いのセンスのある子は見込みがある

●人に試しながら、自らを試す

「自分で考える力」の第3章で、発見力と笑いのセンスの関係について触れましたが、笑いのセンスは、試そうとする力を養ううえでも大切にしたい感性です。

人に試しながら、自らを試す。笑いのセンスには、そんな側面があるからです。

子どもの笑いのセンスというのは、たいがい無邪気なものです。精神年齢が高くなってくると、すかした笑いや自虐的な笑いでウケを狙うこともありますが、3、4年生くらいまでの子どものウケ狙いなんて、本当にかわいいものです。

無邪気でありながらも、一生懸命に笑いをとろうとして、自分のセンスが通用するか勝負しているのです。つまり、人に試しているわけです。

そして、自分を試す。自分に笑いの才能があるかどうか、相手の反応で確かめているわけです。もちろん、小さな子どもにそこまでの計算があるわけではありませんが、大ウケになったときは得意満面。そうではなかったときのぎこちない表情を見ていると、やはり、自分のセンスと向き合っているのです。

そして、ウケれば人気の的。自己肯定感のかたまりになることができます。それがうれしくてやめられないわけです。

ときどきハズしてしまうことはあるにしても、いつも人を笑わせようという魂胆をもっている子は、つねに自分を試しているような、ある意味ではとても前向きな子です。

その前向きさが、笑いのネタを考えるときには「発見力」を発動するのでしょうが、笑わそうという意識そのものが、試そうとする力の表れともいえます。なので、ふざけたがる子、面白がらせようとする子は、多少やんちゃでも、お母さんは大いに期待していいのです。

●「試してみよう精神」の原点として

ユーモアセンスは、社会人になったときにも当然、メシが食える力になるものです。

ユーモアで人を引きつける魅力もさることながら、仕掛ける意識をもって仕事をするようになるからです。

笑いやユーモアは、人の心への仕掛けです。その笑いやユーモアと同じように、人の心に仕掛けていく場面は、仕事のうえでたくさん出てきます。

たとえば、取引先でのプレゼンテーション。

相手の心をギュッとつかむプレゼンができる人は、ここまでやれば十分かなというラインから、もう一歩踏み込んで仕掛けようとします。事前のリサーチなども、相手が「まさか、そこまで」と思うほど徹底した情報収集をします。

その圧倒的な努力が、相手の心をつかむのです。

「ここまでやっても、相手にウケるかどうかわからないから……」

という発想はもちません。

「ウケるかどうか、わからないけれど、とりあえずやってみよう」

これが信条なのです。つまり〝試してみよう〟の精神です。

こういう人が、メシが食える社会人として卓越した力をもっていくのです。その原点が、笑いやユーモアのセンスであることを親御さんは忘れないでください。

お手伝いでは自分なりに工夫させる

●工夫することで脳も活性化する

お手伝いは、他者への思いやり、気遣いといった「想い浮かべる力」のトレーニングにもなりますが（139ページ参照）、試そうとする力でもひじょうに有効です。

私が生まれたのは熊本の田舎ですから、小さいころの風呂は五右衛門風呂でした。その風呂を沸かすのが私の役目でした。

梅雨時になると薪《たきぎ》もしけるので、火に勢いがつきません。薪の組み方を変えたり、空気道をどうつくるか工夫をしながら汗を流したものです。火にボーッと勢いがつくと、それはそれは感動ものでした。

布団干しは弟とタッグを組んでやっていました。知恵を絞ったのは、2階の物干しから1階にどうやって効率よく運ぶかです。あるとき、物干し台の脇にある階段の手すりに滑らせたら、これがけっこううまくいく。

上から滑らせるほうは、のせるバランスが難しい。下で受け取るほうは、サッと取り上げるタイミングがポイント。こんなことをよく覚えているものだと思いますが、それだけ頭を働かせていた証です。

いまは、風呂を沸かすのも、スイッチひとつですが、風呂焚《た》きに代わるお手伝いはいくらでもあります。

試そうとする力を育むのであれば、同じお手伝いでも「生活のかかったお手伝い」をさせるのがいいですね。風呂なら、風呂洗いがあります。要するに、ちゃんとやってくれないと、家族のみんなが困るというお手伝いです。

洗濯物の取り込みもあります。畳んで、タンスやクローゼットにしまうところまでやらせてみてもいいでしょう。少し大きくなったら、近所のスーパーへの買い物を頼んでもいいですね。近所への買い物は、物心がついてくると億劫がりますから、やらせるなら小さいうちです。

親としては、ある程度の失敗も織り込んだうえで、自分なりに工夫をさせることが大切です。

ちなみに、これはある脳科学者の実験ですが、靴磨きなどの手伝いをするときに、その子に「思いを込めてやってごらん」というと、脳の働きが活性化したそうです。

思いを込めて靴を磨こうと思えば、ブラシを隅々までていねいにかけたり、〝思い〟を込めると同時に工夫もするはずです。

お手伝いには、いろいろな効果があるのです。

6

やり抜く力

——力強く、たくましく生きるために!

食い下がるしつこさとしての「やり抜く力」

●主エンジンと補助エンジンがある

前章の「試そうとする力」を牽引していくのが、「やり抜く力」です。

試そうとする力は、「面白そうだから、やっちゃおうか」と、初期の思考や行動を誘発する力です。結果が見えなくても、そのプロセスで面白さも体感するので、「このままやっていていいんだ」と自己肯定感を得られるわけです。

その試そうとする力を受けて、最後まで思考や行動を持続させていく、第二、第三の推進エンジンの役目を果たすのが、やり抜く力です。推進力を支えているのは、何をおいても、やり抜いたあとの達成感への予感や、実際に味わった過去の体験です。

登山家のジョージ・マロリーが「なぜ山に登るのか」と問われて、「そこに山があるから」と答えた話は有名です。あのことばはまさに、達成感が山の頂にあるからだといっているようなものだと思います。

ただ、やり抜こうとする過程には、予期しない困難が立ちはだかることもあります。そのときは、困難に負けない忍耐力がものをいいます。苦しいけれど、達成したときの喜びのためならと、自らを励ましていける力です。これが、やり抜く力を支えるふたつめの推進エンジンといえます。

つまり、やり抜く力には、主エンジンとしては、やり抜いたときの大きな喜びである達成感があり、補助エンジンとして、困難が立ちはだかったときの忍耐力があるということになります。

●頭の良さより、はるかに大切

やり抜く力をもっている子は、気質的には、頑固なまでのしつこさがあります。

第3章（自分で考える力）で、パズル問題の答えを教えようとすると「やめてぇ～」と声をあげる子どもの話をしましたが、あの声は〝しつこい思考力〟があればこそだと思います。

塾業界で私が尊敬する、ある先輩と、「成績が伸びる子と伸びない子との違い」を話し合っていたときに、先輩がこんなふうにいったことがありました。

「本当に納得するまで食い下がり、自分で解くことにこだわるしつこさは、多少の頭の良さなどはるかに凌駕《りょうが》する」

このことばには、とても深い感銘を受けました。

確かに、塾の教え子たちを見ていても、難関中学に行くような子は、納得いかないことにはとことん食い下がってくる執念のようなものがあります。自分で解き明かすことへの執着心です。

その執着心を生み出しているのは、かつて難問を攻略したときの「やったぁ！」という喜びです。その快感が刷り込まれているので、難問に挑戦し、証明問題では誰も考えない別解を出してやろうと必死になるのです。

このやり抜く力は、体験の量によって強化される後天的な力です。ここが、生来的に気質としてもっている試そうとする力と大きく違うところです。たとえ、お父さんやお母さんがどんなに優れた知性の持ち主でも、やり抜く力は、達成感と耐える機会を体験させなければ育んでいくことはできないのです。

知り尽くしたい気持ちが学力を向上させる

●算数や国語の精読力を支える基礎力

やり抜く力が、学力面でもっとも問われてくるのは、やはり算数と国語といっていいでしょう。

ここでまた、46〜47ページの俯瞰図を見てください。

算数にも国語にも共通して求められる「詰める力」のなかに「精読力」があります。

この精読力は、基礎力としてのやり抜く力が根づいていないと身につきません。

一字一句読み飛ばさずに読み込む精読力はこれまでも何度か触れてきましたが、国語の長文を読む場合をイメージする人が多いのではないかと思います。長文読解も確かに精読力が必須となりますが、もっと難関といってもいいのが、算数の文章題で求められる精読力です。

それをわかっていただくために、177ページに、精読力なくしては太刀打ちできない問題を紹介しておきました。試しに挑戦してみてはいかがでしょう。

いかがでしたか？　問題文を読んでいる途中でギブアップしたくなった人もいたかもしれません。これは難関中学の入試問題ですが、それにしても11歳か12歳の子どもたちが、こんな問題に取り組むのです。

向き合ってお気づきと思いますが、一字一句読み落とさずに読むといっても、たんにその一つひとつのことばの意味を理解しながら読めばいいというわけではないのです。

書かれていることを読みながら、空間的・量的なイメージを想い浮かべたり、何が問われているのかを正確に理解したり。あるいは、ことばに付随する情報を読み取っておかなければならない場合もあります。たとえば、「両側に」といったことばが出てくれば、「同じものがふたつある」と想い浮かべなければなりません。

こうした読み込み作業に、最大限の注意力を払って向き合っていくのが精読です。しかも、一読で理解できるのが大原則です。精読力のない子は、何度も何度も読み返すことになります。

一字一句読み落とさない精読力が必須

問題

あるお菓子を作る機械が3台あり、それぞれが一定の速さで休まずにお菓子を作ります。機械によって作る速さは異なり、機械Aだけを使って60個のお菓子を作ると、ちょうど3時間かかります。また、機械AとBを使うと1時間12分、機械AとCを使うと1時間で、作りかけを出すことなく60個のお菓子を作ることができます。次の問いに答えなさい。

---

❶ 機械Bを使ってお菓子1個を作ると、どれだけの時間がかかりますか。

❷ 機械BとCを使って60個のお菓子を作るのに、もっとも早くてどれだけの時間がかかりますか。

❸ 3台全部の機械を使って60個のお菓子を作るのに、もっとも早くてどれだけの時間がかかりますか。

（筑波大附属駒場中学　算数入試問題）

解答←

問題文から読み取れることは何か？

解答と解説　**問題文からわかること**

- A　：60個を3時間 ⇒ $60 \div 3 = 20$個／時
- A+B：60個を1時間12分 ⇒ $60 \div 1\frac{1}{5} = 50$個／時

⇒ B：30個／時

- A+C：60個を1時間 ⇒ $60 \div 1 = 60$個／時

⇒ C：40個／時

「作りかけを出すことなく」の言葉があるから、この計算ができる。

---

① B：30個／時 ⇒ 1分で0.5個（30個÷60分）

⇒ 1個作るのに2分

② C：40個／時 ⇒ 1分で$\frac{2}{3}$個（40個÷60分）

⇒ 1個作るのに$1\frac{1}{2}$分

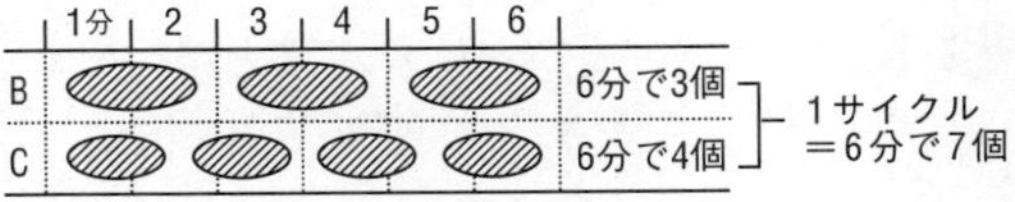

$60 \div 7 = 8$（サイクル）あまり4個

8サイクル：$6 \times 8 = 48$分で　$7 \times 8 = 56$個

あと4個作るには4分必要　∴ 48分＋4分＝52分

③ A：20個／時 ⇒ 1分で$\frac{1}{3}$個 ⇒ 1個作るのに3分

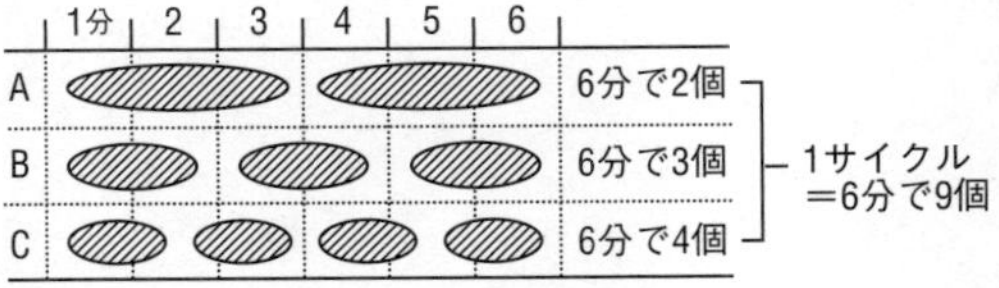

$60 \div 9 = 6$（サイクル）あまり6個

6サイクル：$6 \times 6 = 36$分で　$6 \times 9 = 54$個

あと6個作るためには、もっとも早くて4分30秒必要

∴ 36分＋4分30秒＝40分30秒

この精読作業を、読み飛ばさずにやっていくためには、相当の「意志力」が必要です。詰める力にはその意志力も入っていますが（46ページ参照）、やり抜く力は精読力や意志力を下からしっかり支える基礎力といえます。

また、詰める力のなかには「論理性」もありますが、論理的に筋道を立てて考えを進めていくには、これまた相当緻密な〝しつこい思考力〟がなくてはいけません。それを支えるのもやり抜く力です。論理思考の説明で紹介した105ページの問題を思い出していただければわかると思います。

一方、国語では長文読解での精読力以外に、漢字力・語彙力も、やり抜く力がベースにないとなかなか身についていきません。

たとえば、楽しみながら読書しているときに、読めない漢字、意味のわからないことばにぶつかったとしたら、いったんそこで読書を中断してでも辞書を引く。これは、知ることへのしつこさがないと、なかなかできません。

わからないこと、疑問に思ったことは、とことん知り抜く。そんな〝知性の構え〟ともいうべきものが、やり抜く力でもあるのです。

思いどおりにならない社会人生活で大きな力になる

●心の構え、生き方の構えとして

知識や教養を身につける学生時代までは〝知性の構え〟という意味をもっていた「やり抜く力」は、社会人としての道を歩み始めると、〝心の構え〟〝生き方の構え〟として、より重い意味をもつようになります。

心の構え、生き方の構えとしてやり抜くとは、どういうことでしょうか。

それが特に問われるのが20代です。どういう仕事であれ、一度取り組んだことには、全力投球していく愚直さがなくてはなりません。効率性も合理性も関係なく、「自分にあるのは体力と時間だけだ」というくらいの気概も必要です。

たとえば、新社会人としてスタートを切ったとき。

「面白い会社だ。こんな会社で自分を試したい」と思ったことが入社動機だったとしても、まずは何も考えずに頑張ってみるという愚直さがないと、数カ月で心がポキンと折れてしまうことがあります。

「面白そう」と、試そうとする力があるまではよかったのですが、やり抜く力が弱いと、早々に第2新卒の道を歩むことになります。そして、その社会人としての仕切り直しが、必ずしもうまくいくとは限らないのです。

第1章でも述べたように、会社で働き始めると、思いもしなかった現実に直面することがあります。新しいことをやりたがらない、腰の重い上司がいる。後輩に仕事を押しつけて、自分はラクをしている先輩がいる。取引先の意向で、やっていた仕事の方向性が二転三転する……。

しかし、本人にとっては〝理不尽〟かもしれませんが、そんなことはビジネス社会ではよくあることで、そのたびに腐っていたのでは身がもちません。まして、「この会社は自分に合わない」などと短絡的に決断を下してしまっては、それこそ「メシの食い上げ」になってしまいます。

就職してすぐ直面する「現実のカベ」としてよくあるのは、当初抱いていた仕事のイメージとのギャップです。企画立案型の仕事だと思っていたのが、資料調べばかりさせられて、地味で泥臭い仕事の毎日。いい加減うんざりすることもあります。

それでもなお、まず3カ月やり抜けるかどうかです。次に半年、1年とやり抜けるか。そして、2年間やり抜いて、3年目。仕事が本当に面白くなるのは、そのころです。

つまり、「自分が選んだ仕事がまちがっていなかった」という答えが見えてくるまでは、最低2年はかかるということです。

よく3年間は我慢しろといわれます。2年間で解いた答えを応用できるのが、3年目だからです。

そして、アッというまに過ぎた2年ほどの社会人生活を振り返ったときに、「あのころ、自分がいかに大変がっていたか」というのがよくわかるはずです。そのとき、いつのまにか身についているのが、心の構えであり、生き方の構えです。

世の中、甘くはない――。

では、いまあなたのそばにいる、幼児期や学童期のお子さんが、将来、そういい切れるたくましさをもてるようになるには、親としてどうサポートしていけばいいのでしょうか。

やり尽くす感覚を身体で覚えさせる

●ヘトヘトになる親の姿を見せる

やり抜く力は、自分で主体的に取り組もうとする意欲がないと、なかなか身についていきません。やり抜く意志力を育んでいく前段階として、まず、やり尽くす心地良さを身体で感じさせてあげることです。

それには、勉強やドリルよりも、やはり身体を使った遊びです。

ここはお父さんの出番かもしれません。キャッチボールでもサッカーでも、相撲でも怪獣ごっこでも、息が上がるまで遊び尽くしてください。

お父さんも本気にならなければいけません。中途半端に手加減するのではなく、子どもが悔しがるほど、「大人のすごさ」を見せてあげてください。もちろん、ケガをさせない配慮は必要ですが、擦り傷程度なら〝子どもの勲章〟です。

フィールドアスレチックや遊具のある公園もあります。子どもが活発に動き回れる年齢なら、お父さんやお母さんも一緒になってはしゃぎ回りましょう。よく、子どもを遊ばせて見守っているだけの〝疲れたお父さん〟の姿を見かけますが、かけがえのない親子の時間です。ひとふんばりしましょう。

一緒に駆け回り、親もヘトヘトになる遊び方を見せてこそ、その躍動感を子どもも身体で知っていくのです。鬼ごっこで親が鬼になったときに、必死になって逃げ回る子どもの顔を想い浮かべることはできますか？　あれが、夢中になってやり尽くす顔です。

親自身が、何かに夢中になっている姿を見せることも大切です。

読書でも音楽でもスポーツでも、映画でも模型でも、とにかく何かに熱中している姿を子どもに見せてあげてください。

最近は、小学生でさえ〝冷めた子〟が多くなっています。

「そんなの、やっても意味ないじゃん」

「友だちに、そんなこと話してもわかんないよ」

「どうせ、やってもムダでしょ」

何もしないうちから、白旗を掲げるようなことをいうのです。

なぜ、こんなに冷めてしまっているのか。

いろいろな原因が考えられるでしょうが、私がいちばん大きいと思うのは、やはり親自身が何かに熱中している姿を子どもに見せていないからではないでしょうか。熱中している親の姿を見たことのない子どもに、勉強のときだけ「一生懸命やれ」などといっても、ことばがむなしく漂うだけです。

最近、「花まる学習会でアルバイトをしたい」と尋ねてきた男子学生が、面接しているときに、ふとこんなことばを口にしました。

「これからのキーワードは『必死さ』だと思います」

話していて、ことばの端々に若さゆえの無骨さは出るのですが、私を真っすぐ見すえてそう口にする姿は、なんとも頼もしいものがありました。

熱くなったり必死になることは、けっしてカッコ悪いことではないことを、特にお父さんには、遊びを通して、身体を張って子どもに見せてほしいのです。やり尽くす感覚を身体で覚えさせるいちばんの早道です。

小さな成功体験の積み重ねが大切

●誇れる体験が成長のバネになる

塾を17年間もやっていると、難関大学に進学し、その大学も卒業して、いまでは社会人として第一線でバリバリ活躍している塾生OB・OGも多くいます。

小学生のころから知っている、そんなかつての教え子たちの成長過程を振り返ってみると、気づくことがあります。

最初にひとつの目標に向かって頑張る。それをクリアしたときの達成感が、次の課題を自らに設定させ、それに向かってモチベーションを上げる。その課題もクリアしてまた達成感を得て、さらに次の大きな目標に立ち向かっていく。

つまり、達成感を得る体験を繰り返していくなかで、知力を高め、人間としても器をどんどん大きくしていった、というイメージです。

彼らを大きくしていったジャンピングボードは、受験だけではありません。

打ち込んでいたスポーツの大会で優勝したり、漢字テストで一番になったり、あるいはケンカした友だちと意を決して仲直りしたり。そんな一つひとつの「誇れる体験」が学力の向上や人間の成長には、大きなバネになります。

●やり尽くすから、やり抜くステージへ

かつての教え子でB君という男の子がいました。

サマースクールに行ったときのことですが、当時、彼は小学3年生でした。

川遊びで、堰堤《えんてい》からの飛び込みに挑戦することになったのですが、他の子どもたちがためらいながらも次から次に飛び込んでいくなかで、B君だけはどうしても勇気が出ません。堰堤の縁までは行くのですが、やはり怖くて飛び込めない。

かれこれ小1時間も、行きつ戻りつを繰り返していましたが、やがて、見守っていた子どもたちから「がんばれぇー」という声援が沸き起こり、それに励まされて、彼もとうとう意を決します。

ドップーン！

下で待機して、水中から浮き上がってきた彼を抱きかかえると、水に濡れてくしゃくしゃになった顔には、涙があふれていました。つかみ取った達成感の証です。

サマースクールから帰って、すぐ変化が現れました。

実は、彼は片づけが苦手で、教室で注意されてもなかなか改まらない子でした。その彼が、授業を終えたあとに、自分から率先して机や椅子の整理整頓を手伝うようになったのです。勉強にもひじょうに前向きな姿勢が出るようになりました。

優秀な成績をあげるとか、競争に勝つとか、周りから抜きんでるような体験だけが、成長のバネになるのではありません。苦手の克服、困難に打ち勝った体験もまた、子どもに大きな達成感を与えるのです。

やり尽くす感覚をたっぷり味わい、さらに、もうひとつ上の意思的にやり抜く感覚を身につけていくには、その達成感の繰り返しが欠かせません。

お手伝いでも生活習慣でも、「できたこと」はどんどん褒めて、ことばを投げかけてあげてください。やり抜く力は、そうした〝小さな達成感〟を日常生活のなかで積み上げていくことによって、どんどん力強さを増していくのだと思います。

いつまでも子どもに万能感を根づかせない

●ダメなときはダメとピシャリという

やり抜く力をつけるために、日ごろから〝小さな達成感〟を味わう体験を積ませる。それが前向きな姿勢を育むサポートだとすれば、一方で抑制的な働きかけも親としては心がけなければなりません。

耐える力をつけるためです。社会人になったときに、ちょっとした困難で、心がポッキリと折れるような子にしないためです。

もっとも大切なのは、小さいころに「万能感」を根づかせてしまわないことです。万能感とは、自分は何でもできるという感覚です。もともと、子どもは万能感に包まれて生まれてきますが、親子関係のなかでは、自分が望めば親は何でもかなえてくれるという意識が生まれてきます。

しかし、乳児期から幼児期に入ったころには、「自分のわがままにも限りがある」ことを教えていかなければなりません。その万能感の喪失がうまくできなかった子が、いわゆる〝自己チュー〟になってしまうのです。

原因は、やはり大人たちの甘やかしです。象徴的なのが、ムダな買い与えです。親だけでなく、祖父母も加担する場合があります。

スーパーに一緒に買い物に行ったときに、レジの脇にあるお菓子をねだられて、つい買い与えてしまう。ファミリーレストランのレジ前で売られているおもちゃが欲しいとだだをこねられ、根負けして買い与える……。

そんなムダな買い与えが、喪失し切れなかった万能感をますます増長させてしまうのです。

脅かすわけではありませんが、家庭内暴力が起きた家庭では、小さいころにムダな買い与えをしていたケースが多いのです。実際に私がかかわった家では、子ども部屋に、高級宝飾品がズラリと並んでいました。

子どもに聞いてみると、

「別にそんなに欲しいわけじゃないんだけど、おばあちゃんが買ってくれるから」

と平然といっていました。

家庭内暴力に至らないとしても、将来、苦労するのは子ども自身です。万能感の抜け切れない子は、勉強するときも根気が続きません。問題をやらせても、自分がわからない難しい問題だと、できなくてイラついてしまいます。

子どものころなら、困難に直面しても、最後は大人が助けてくれます。しかし、社会人ともなれば、仕事ができないのは自己責任です。行き詰まって、仮に上司がサポートしてくれたとしても、当然のことながら評価は下がります。

そんなことが続けば、重要な仕事は任せてもらえず、やがて〝寄生社員〟のレッテルを張られることになってしまいます。

物欲と金銭欲というのは、人の心をだらしなくさせてしまうものです。金銭欲のない子どものころは、物欲がもっとも注意すべき欲望です。

いくら欲しがっても、「ダメなものはダメ！」とピシャリといい切る親の毅然とした態度が、子どもに耐性をつける第一歩と考えてください。

「見逃しの罪」が子どもを甘やかす

●自分に甘い人間にしないために

目の前の課題をやり抜くために、多少の困難にも負けない心の強さ。それを根づかせていくためには、子どもがくじけそうになったときに、親としてあえて厳しい態度をとるべき場面も出てきます。

たとえば、一度決めたお手伝いは、続けさせてこそ意味があります。しかし、「今日は風邪ぎみだから」「明日はテストがあるから」と、例外をつくってしまうことが往々にしてあります。

私なら、風邪ぎみでも、相当の熱がない限り手伝いはやらせます。それによって、さらに熱が上がるような手伝いなど、そうそうあるものではありません。大事なのは、身体がだるいようなときにも、そのつらさを乗り越えて頑張ろうとする克己心です。

例外を認めないという意味では、買い与えもそうです。いちばん罪が重いのは、泣き叫ぶ子どものおねだりに、「じゃあ、今日だけよ」と根負けしてしまうことです。

つい1回わがままを許してしまうことで、子どもの規範意識がガラガラと音を立てて崩れてしまいます。私はそれを「親の見逃しの罪」といっています。

親のたった一度の〝見逃し〟は、子どもの将来にとって大きな禍根を残す結果になりかねないのです。ひと言でいえば、自分に甘い人間にしてしまうということです。

●親自身の「想い浮かべる力」が問われる

会社勤めをしているお父さんならわかると思いますが、一度、部署内で決めたルールをなし崩し的に破る部下がいたら、当然ひと言いいたくなるはずです。

いま専業主婦をしているお母さん方も、かつては会社勤めをしていた経験があるのではないかと思います。そんな同僚がいたら、やはり嫌ですね。

自分に甘い人間は、組織社会のなかでは、生き残っていくことはできません。老婆心ながらいえば、恋愛においても失敗することが多いかもしれません。

メシを食っていくということは、たんに自分が日々の生活に困らないだけのお金を稼ぐことではないと前述しました。

人の信頼を得て、人から好かれ、尊敬もされるようになって初めて、「メシが食っていける大人」ということになるのです。


「同じ釜のメシを食う」ということばがあります。

たんに「同じ場所で生活をしていた」ということではなく、「互いに他人ではあるけれど、一緒に暮らして苦楽を共にした親しい仲」という意味です。そういう間柄で、そういう仲間と一緒に働きたいと多くの人は願います。

将来、「メシが食える大人」になってくれることを願って育てた子どもが、上司や同僚に「同じ釜のメシを食える仲間」として認められたら、親としてはやはり本望ではないでしょうか。

給料の多さや、地位では得られないものを得ることになります。

子どもが将来、生き生きとたくましく働く姿。それを想い浮かべる力が、お母さんやお父さん自身に問われているのです。

付

メシが食える力と受験突破力

入試問題は学校からのメッセージ

●公務員試験でも「人間力」を重視

「自治体も人柄・思考力重視　知識より意欲／面接や『記述式』増やす」

最近、『日本経済新聞』にこんな見出しの記事が載っていました。これまでは、法律知識など高度な専門知識が重視された自治体の採用試験が、人柄や思考力を重視する試験内容に変わってきたというのです。

たとえば、神奈川県の採用試験では法律などの知識を問う専門試験は廃止され、その代わり、自己PRシートに志望動機などを記入する課題が出されました。

また、自治体によっては、面接回数を1回から2回に増やすなど、人物重視の傾向も強まっているそうです。

背景には、より優秀な人材を採用するために、門戸を広げる狙いがあるということですが、就職戦線が冷え込んでいる現状を考えると、「門戸の開放」は就活する学生にとっては朗報のようにも思えます。

しかし私は、門戸は広がっても、むしろ、より厳しい選考基準に学生たちはさらされることになるのではないかと考えています。

自己PRにしても面接にしても、自分の考えや見識を、自分のことばできちっと表現し、そこにキラリと光るものがなければ、自分の人材価値をわかってもらえません。

コミュニケーション能力から、人としての心の構えまで、ありとあらゆる観点から、人間が試されるといっていいでしょう。

まさに「人間力」の勝負といえるのではないでしょうか。

●入試の算数・数学で問われる「思考の質」

人間力は、社会人候補生の試験にだけ問われるのではありません。

中高一貫校や高校、大学の入学試験でも、人間としての資質や思考力が試されるような問題が出題されます。第5章（試そうとする力）でも少し触れていますが、トップ校といわれる学校ほど、こういう生徒に来てほしいという学校側のメッセージが問題に込められています。

たとえば、中学の算数の入試問題によく出る整数問題には、計算問題というより、数字でつくられた「知恵の輪」のような問題が目立ちます。それは、試行錯誤しながらも、最後まであきらめずに粘り強く論理的な思考を貫けるか、その意志力が問われているわけです。

また、図形問題などでは、従来の発想にとらわれない独創的な着眼点をもてる発想力豊かな人間かどうかが問われているのです。

これは、中学受験に限った話ではありません。高校でも、大学でも、トップ校のほとんどが、数学の入試問題には思考力を問う問題を出しますが、それは、最終的な答え以上に、そこに至る思考プロセスこそを重視しているからです。

●思いやりがあるかどうかを見極める国語問題

人間力や人間性が問われるのは、国語の問題でも同じです。

中学の入試問題では、多くの学校が「思いやりの心」を問いかけているのがよくわかります。受験生の「思いやりの心」が解答に表れるかどうか、それを問題作成者は試しているのです。確かにそんな狙いがあると、実際に問題作成に当たっている先生からも聞いたことがあります。

やはり、学校側も思いやりのある生徒が欲しいのです。たんに教育理念からそう願っているだけでなく、いじめ問題を起こしたり、不登校になるような子は事前にフルイにかけておきたい、そんな切実な思いも背景にあるのです。

こうした学校側の思いが込められている入試問題をよく分析してみれば、本書で解説した5つの基礎力がきちんと身についていないと解けない問題が多いことに気づきます。

201ページにその典型的な問題を紹介しましたので、まずじっくり向き合ってみてください。解くことにチャレンジしていただいてもけっこうですが、もちろん途中でギブアップしてもかまいません。子どもたちがこういう問題に向き合うのだということ、そして問題にどういうメッセージが込められているかを知っていただくのが目的です。

●基礎力のすべてが、ひとつの問題で問われる

左ページに紹介したのは、私学の雄、灘中学の算数の入試問題です。トップ校ではよく出題される整数の文章題ですが、まず、下の線で囲ったなかは見ずに、上の問題文だけを読んでみてください。

いかがですか？　文意は十分に理解できましたか？

混乱するのは、問題文の後段以降です。「また、この5けたの……」という文章のなかに、前段で触れた、数字の個数を表すA、B、C、D、Eの記号がもう一度出てきます。ところが、後段に出てくるA、B、C、D、Eは、個数ではなく、5けたの数字そのものを表す記号の意味で記述されています。つまりアルファベットの記号は、0～4の数字の個数を表すと同時に、5けたの整数の各位の数字そのものを表すという「ふたつの論理」が問題文にはあるのです。ここが、ややこしいところです。

また、最後のほうにも見落としがちな点が潜んでいますが（201ページの解説参照）、このような片時も油断できない、緻密な理解力をまず問題文で求めてくるのです。精読力や要約力といった「ことばの力」がしっかり根づいていないと、解法を考える以前に

5つの力が
すべて問われる受験問題

問題

5 けたの整数 [　　　] を紙に書いたとき、数字0がA個、数字1がB個、数字2がC個、数字3がD個、数字4がE個使われていて、これ以外の数字は使われていない。また、この5けたの整数の各位の数字は、万の位から順にA、B、C、D、Eとなっている。ただし、A、B、C、D、Eの中には同じ数字があってもよく、B、C、D、Eは0でもよいものとする。5ケタの整数を答えなさい。

（灘中学　算数入試問題）

一字一句読み飛ばさない精読力が問われる

ことばの力　前段のA、B、C…が各数字の個数を表すのに対して、後段のA、B、C…は、各位の数字そのものを表す。表す概念が異なることを読み取らなければならない

5けたの整数 [　　　] を紙に書いたとき、数字0がA個、数字1がB個、数字2がC個、数字3がD個、数字4がE個使われていて、これ以外の数字は使われていない。また、この5けたの整数の各位の数字は、万の位から順にA、B、C、D、Eとなっている。ただし、A、B、C、D、Eの中には同じ数字があってもよく、B、C、D、Eは0でもよいものとする。

ことばの力　Aが含まれていないことに注意。「5けたの整数」とは、万の位に「0」がくることはありえないということ。また、ここでいう「0」は、前段で述べているB、C、D、Eの個数ではなく、あくまで5けたの整数の各位の数字であることに注意

解答 ←

必要条件を発見して、場合分けで詰めていく

解答と解説

5けたの整数に使われる数字の個数は5個なので　A+B＋C＋D＋E＝5……㋐

①

一番大きい数字4の個数Eは1か0
∵4が2個以上だと㋐と矛盾
E＝1とすると　5けたの整数は、40001
⇒0が3個になり「0がA個」と矛盾
∴E＝0　5けたの整数は、ABCD0

②

二番目に大きい数字3の個数Dも
1か0　∵3が2個以上だと㋐と矛盾
D＝1とすると、
5けたの整数は、ABC10
・A＝3とすると、「0が3個」なので
5けたの整数は、30010⇒㋐と矛盾
・B＝3とすると、「1が3個」なので
5けたの整数は、13110⇒㋐と矛盾
・C＝3とすると、「2が3個」なので
㋐と矛盾　∴D＝0
5けたの整数は、ABC00

③

3の個数D＝0、4の個数E＝0なので㋐を満たすには、
ABCは、2と2と1の組み合わせ
・0は2個、すなわちA＝2
・1は1個、すなわちB＝1
・2は2個、すなわちC＝2　5けたの整数は、21200

想い浮かべる力
この必要条件の「発見」なくしては先へは進めない

試そうとする力
必要条件を発見したあとは場合分け

自分で考える力
必要条件と比較しての結論づけや、一つひとつ詰めていくのは、論理思考なくしてはできない

やり抜く力
最後まで詰めきるためには、論理思考と同時に「意志力」も不可欠

つまずいてしまうことになります。

そして、右ページに紹介したのが、問題の解答と解説です。

キーポイントは、問題文の前段から読み取れる必要条件として、5けたの整数に使われている数字の個数が5個という点から、「A+B+C+D+E=5」と式を立てる「発見力」があるかどうかです。発見力のような「見える力」は、基礎力の「想い浮かべる力」を土台として養われるものです。

必要条件をまちがいなく把握できれば、あとは「場合分け」ということになります。場合分けは、論理思考、試行錯誤力、意志力の勝負になります。考えられるケースをもれなく把握し、その一つひとつについて緻密に筋道を立てて考えを進め、出てきた結論に論理矛盾がないかどうかを確かめていきます。

基礎力でいえば、「自分で考える力」「試そうとする力」、そして最後まで「やり抜く力」が、このような問題に向き合うときに生きてくるのです。

たったひとつの問題でも、さまざまな基礎力とかかわっていることがおわかりいただけたでしょうか。受験突破力とは、まさに総合力の勝負なのです。

あとがき

それほど深くおつき合いしたということでもないけれど、人生の分岐点において、その存在が大きな影響を与えてくれたという人がいるものです。私にとって、田宮務さんがそのひとりです。キンダーという、幼稚園児のお泊まり保育の会社の社長さんでした。

高校生や大学受験生を教えていた31歳のころ、夏の息抜きのつもりで、アルバイト先として情報誌で見つけ申し込んだのが、田宮さんとの交流の始まりでした。

私のニックネームはマンマン。「やる気満々のマンマンでーす！」と大声を張り上げ、園児と一緒にプールで鬼ごっこをし、キャンプファイアーでパンダの着ぐるみに入り、歌って踊って走って、とことん遊び抜いていました。

花まる学習会では私の代名詞のようになった「クワガタ体操」も、実は初めて1泊した朝、田宮さんがやっていたのに感動し、翌朝には「私にもできると思います」と申し出て、以後ずっとやらせてもらったものでした。

「今まで東大生はどいつもこいつも理屈ばかりいって使えなかったが、君は見どころがあるよ」と可愛がってくださり、1週間、1泊ずつ7つの園を担当しました。そして、自分のなかで何かが変わりました。

当時、息抜きをせざるを得ないほどに、実は進路について迷っていたのです。音楽の道か、教育分野か、となると予備校講師をこのまま……。いや、もう一度医学部を受け直すという道もあるかもしれない……。バイト先からは「うちに就職しろ」といわれてもいるし……。まだ大学院に在籍していて、教授からは特定の就職先をすすめられてもいました。

しかし、そんな拡散した悩みが、たちまちひとつの大きな渦になり、心が決まりました。

やっぱり子どもたちといよう！　いつかオリジナルのサマースクールをつくろう。長年感じてきた「ひきこもり」「思考力の低下」「生きる力の低下」などの問題を全部解決するような、人がやったことのない教育を考え出してみよう……。

それから3年近く、キンダーの仕事を夏ごとにやり、複数の塾でさまざまな学年の子どもたちの指導をしたり、ある幼稚園のお手伝いなどをするなかで設計図は整いました。

そして、33歳の終わりに人の力を借りて会社を設立し、立ち上げたのが、低学年の野外体験や思考力指導を軸とした「花まる学習会」でした。

いま思えば、この業界で「メシが食える人間」になるきっかけを私に与えてくれたのが、田宮さんです。田宮さんとの出会いがなければ、花まるもサマースクールも存在しませんでした。そして、本書をこうして読者のみなさんに読んでいただくこともありませんでした。

その田宮さんが、この6月（2010年）に亡くなられました。

本書は、私を育ててくれた恩人のひとり、田宮務さんに捧げたいと思います。

最後に、この本は、エディ・ワンの浦野敏裕さん、廣済堂出版の駒井誠一さんの協力なくしては、まったく形になりませんでした。本当にありがとうございました。

高濱正伸

【著者紹介】

1959年熊本県生まれ。東京大学・同大学院修士課程修了。1993年、同期の大学院生たちと小学校低学年向けに「作文」「読書」「思考力」「野外体験」を重視した学習教室「花まる学習会」を設立。長年取り組んできた野外体験のサマースクールや雪国スクールは人気が高く、生徒以外の申し込みも多い。さらに、生徒の父母向けに行っている講演会は毎回、キャンセル待ちが出る盛況ぶり。算数オリンピック委員会理事も務める。

著書に、『考える力がつく算数脳パズル　なぞぺ〜』(草思社)、『中学受験合格パスポート』(学習研究社)、『小3までに育てたい算数脳』(健康ジャーナル社)、『「生きる力」をはぐくむ子育て』(角川SSコミュニケーションズ)、『孤母社会　母よ、あなたは悪くない！』(講談社)、『国語の力を親が伸ばす』(カンゼン) など。

花まる学習会

http://www.hanamarugroup.jp/

ファミリー新書 001

わが子を「メシが食える大人」に育てる

2010年8月1日　第1版第1刷
2011年7月10日　第1版第5刷

著者　高濱正伸

発行者　矢次 敏

発行所　廣済堂あかつき株式会社　出版事業部
〒104-0061
東京都中央区銀座3-7-6
電話　03-6703-0964（編集）
03-6703-0962（販売）
FAX　03-6703-0963（販売）
振替　00180-0-164137
http://www.kosaidoakatsuki.jp

装丁　細山田光宣、木寺 梓
（細山田デザイン事務所）

印刷所・製本所　株式会社廣済堂

イラスト　ワタナベケンイチ
編集協力　浦野敏裕（エディ・ワン）
DTP　株式会社ローヤル企画

ISBN978-4-331-51473-3　C0237

定価はカバーに表示してあります。
落丁・乱丁本はお取り替えいたします。